Harmonica Masterpiece Series vol.03

Pop Songs Repertoire

팝송 편

그래서, 음악

머리말

어떤 위대한 사람이 말하기를 “음악을 이해하고 알려고 노력하지 않는 사람은 모반과 모략 그리고 약탈을 일삼을 수 있는 인간이다.”라고 말했습니다.

음악을 생활화할 수 있고 음악으로 기쁨을 얻는 삶을 살 수 있기를 바라면서 이 책을 낼 수 있도록 항상 배려를 해 준 제 남편과 음악 작업을 도와준 나의 큰아들, 그리고 새 노트북을 사 준 제 막내아들에게 감사를 드립니다.

또 그래서음악 출판사 사장님께서 쾌히 승낙해 주심에 감사드립니다.

이 책이 하모니카를 사랑하는 모든 사람들에게 유익한 책이 되었으면 하는 바람입니다.

정옥선

저자 약력

경희대학교 교육대학원 수료
코리아 하모니카 앙상블 코드 주자
KBS 아침마당 출연
SBS 스타킹 출연
북경 아시아태평양 국제 하모니카 페스티벌 심사위원
제주 국제 하모니카 페스티벌 심사위원
효 신문사 주최 실버 하모니카 대회 심사위원
일본, 중국, 대만, 싱가포르, 말레이시아, 홍콩 등 아시아 국가와 미국,
유럽 국가 중 독일, 프랑스, 이탈리아, 스위스, 오스트리아 외 인도, 네팔 등
세계 여러 나라 순회 연주
현) 한국하모니카연맹 강북 지부장

저서

〈하모니카 명곡집 시리즈, ① 클래식 편 ② 가요편 ③ 팝송편 ④ 영화음악편 ⑤ 가곡편 ⑥ 동요편 ⑦ 민요편 ⑧ 종합편 , 그래서음악〉, 〈301 하모니카 명곡집, 스코어〉

* 이 책은 트레몰로 하모니카의 특성에 맞추어 코드는 C Key로, 악보는 원곡의 조성을 살려 각각 분리 표기되었음을 알려드립니다.

목차

하모니카 건강 증진 세계 선언문

하모니카는 남녀노소, 모든 사람들의 건강 증진에 매우 유익하다는 사실이 전 세계에 알려진지가 꽤나 오래되었습니다. 하모니카는 호흡 건강은 물론 육체적, 감성적, 정신적, 사회·문화적 및 영적 건강에도 도움이 되는 악기입니다. 세계 많은 하모니카 애호가들의 오랜 개인적 체험과 경험이 지지하듯이 하모니카는 건강 증진과 질병 예방, 질병 치료에도 효과가 있다고 믿고 실제로 도처에서 하모니카의 과학적 연구가 진행되고 있습니다.

최근 미국에서는 호흡기 환자에게 쓰는 통상적 치료방법의 보조기구로 하모니카 치료법을 사용하는 병원들이 점차 늘고 있습니다. 하모니카는 단순히 부는 악기가 아니라 숨을 들이쉬어 소리 나게 하는 특별한 악기로서 미국 도처에 있는 심폐 기능 회복촉진센터에서 사용하는 일반적 호흡촉진 의료기구와 유사한 효과가 있다고 믿습니다.

또한, 미국 미조리주 세인트루이스에서 개최된 미국음악치료연맹(AMTA) 2008년 년차 총회에서도 하모니카가 건강 증진과 치료 효과가 있다는 '하모니카 음악치료법'이 보고되었습니다. 하모니카는 만성호흡증, 수면 무호흡증, 불안신경증, 우울증, 스트레스 및 심장 또는 폐 기능에 문제가 있는 사람들에게 도움이 되며, 우리 몸의 면역 체계를 강화시켜 삶의 질적 향상과 생동력과 생산성 고조에도 도움이 된다고 합니다.

하모니카는 작고 간단하여 휴대하기 간편한 악기입니다. 보기에는 비록 작지만 소리가 아름다운 음악을 연주할 수 있는 음악성이 높은 악기로 우리의 건강 증진과 함께 삶의 재미와 기쁨을 더해 줍니다. 따라서 연령과 남녀노소와 건강 상태를 초월해서 세계 모든 만민들의 인기와 사랑을 받는 악기입니다.

따라서, "하모니카는 우리의 건강과 희망과 행복과 세계 평화가 함께 어우러지게 하는 악기로 칭송받고 있습니다." 이 선언문은 미국 하모니카 연맹(SPAH) 건강증진위원회, Harmonics and Health Committee(HHC)의 위원장이 초안하고 세계 하모니카 연주자들이 서명하였고 저명한 훈련 지도자 및 유수한 의료인들이 지지하고 서명한 것으로, 2009년 8월 11일부터 15일까지 북가주 새크라멘토 시에서 개최된 연맹 창립 46주년 기념총회에서 발표되었습니다.

이상의 하모니카 건강 증진 세계 선언문을 이 책의 서문으로 사용하고자 합니다. 많은 사람들의 하모니카 사랑을 기대해 봅니다.

하모니카 이야기

하모니카는 기원전 3,000년경에 만들어진 것으로 전해지고 있습니다. 중국에서 리드 (Reed)를 가진 쉥(Sheng)이라는 악기가 만들어졌으며, 이 악기의 원리에 의해 16 세기 초에는 지금의 하모니카와 비슷한 악기가 만들어진 것으로 되어 있습니다. 18세기 초에 와서 개량되어져 1821년에 '크리스천 부슈만(Christian Bushman)'이라는 16세 소년이 지금의 하모니카와 비슷한 악기를 만들었는데 이 악기는 '아우라(Aura)'라고 불렸고 메탈 리드(Metal Reed)를 사용했고 크기는 10cm 정도였으며 15음계로 멜로디를 연주할 수 있었다고 합니다.

1827년경 현재 호너(HONNER)사가 있는 독일의 작은 도시 트로싱겐에서 지금 하모니카와 비슷한 '마우스-하프(Mouse-Harp)'라는 악기가 만들어졌고, 1857년 호너사의 창시자인 '마티아스 호너(Mattias Honna)'가 하모니카를 생산하기 시작해 1986년에는 10억 개째 하모니카가 출시되었고 지금은 여러 나라에서 하모니카가 생산 판매되고 있습니다.

우리나라에는 1920년경부터 소개되고 '평양 YMCA 하모니카 밴드', '쎈니 하모니카 5중주단', '고려 하모니카 합주단' 등이 활동하였고 한국전쟁 이후 우용순, 최영진, 이덕남, 이혜봉, 선생님 등의 공헌으로 발전하였습니다. 지금은 하모니카 단체도 많고 강사진도 많아서 하모니카 동호인들도 활동이 많고 저변확대 및 발전에 노력을 많이 하고 있습니다.

국제 행사로는 '아시아 태평양 페스티벌'이 격년으로 열리고 있고 '세계 하모니카 페스티벌'은 매년 열리고 있습니다. 우리나라는 2000년에 제3회 아시아 태평양 대회를 개최한 바가 있고 매 대회 때마다 우수한 성적을 내고 있습니다.

하모니카의 종류

• 트레몰로(복음) 하모니카

하모니카는 위아래 두 개의 구멍으로 한 음을 소리 내는 특징이 있으며 소리의 떨림 효과를 낼 수 있는 악기입니다. 주로 중국, 일본, 한국 등 아시아에서 많이 사용하는 하모니카입니다.

• 미니 하모니카

하모니카 중 가장 작은 것으로 되어있고 4구멍으로 되어있으며 1구멍에 2개의 음을 내기 때문에 8음, 즉 1옥타브 연주를 할 수 있습니다. 목걸이와 같은 장식용으로 쓰이기도 합니다.

• 다이아토닉(Diatonic) 하모니카

10구멍으로 되어있으며 주로 통기타 가수나 보컬을 하는 사람들이 많이 사용하며 서양에서는 블루스, 컨트리, 록 같은 현대 음악이나 재즈 음악을 연주하는 악기로 사용되고 있습니다. 장음계, 단음계의 각 조성별로 24종류의 악기가 있습니다.

• 크로매틱(Chromatic) 하모니카

다른 하모니카와는 달리 ♯(샤프)나 ♭(플랫)을 자유롭게 연주할 수 있도록 옆에 버튼이 붙어 있습니다. 12구멍과 16구멍짜리가 있으며 주로 독주나 클래식 연주에 주로 사용됩니다. 유럽 쪽에서 선호하는 악기입니다.

• 코드(Chord) 하모니카

중주나 합주 등을 연주할 때 멜로디를 도와 화음만을 연주하는 하모니카로 베이스가 붙어 있는 하모니카와 화음만 낼 수 있는 두 종류가 있습니다. 드럼 역할도 하며 메이저, 마이너, 세븐스, 디미니쉬, 어그먼트 등 43종의 화음을 낼 수 있습니다.

• 옥타브(Octave) 하모니카

복음 하모니카의 종류로 복음 하모니카는 윗구멍과 아래 구멍이 같은 음으로 되어 있지만 옥타브 하모니카는 윗구멍과 아래 구멍이 한 옥타브 차이로 되어 있습니다.

• 베이스(Bass) 하모니카

저음을 내기 때문에 합주를 할 때 사용되며 브라스밴드의 수자폰이나 오케스트라의 콘트라베이스와 같은 역할을 합니다. 마시는 음이 없이 부는 음으로 구성되어 있습니다.

• 파이프 하모니카

오케스트라의 호른과 같은 소리를 낸다고 해서 호른 하모니카라고도 합니다. 소프라노, 알토, 두 종류로 구분되어 지고 타원형의 파이프로 감싸여 있어 소리가 양옆으로 나오며 아름답고 부드러운 소리가 납니다.

• 글리산도(Glissando) 하모니카

음의 배열이 복음이 아닌 단음, 반음으로 되어 있기 때문에 합주할 때 꾸밈 역할을 해서 묘미를 줍니다.

• 회전식 하모니카

복음 하모니카 6개 장조(A, B, C, D, F, G)를 하나로 묶어 놓은 것으로 곡의 필요에 따라 악기를 선택해서 연주할 수 있게 되며 보기 드문 악기이므로 연주 때 시선이 집중됩니다.

이 밖에도 150여 종류로 다양한 모양의 악기가 있습니다. 앞으로 쓰임새나 소리, 모양 등이 더욱 발전할 것입니다.

하모니카 연주 자세와 호흡법

1. 하모니카 양 끝부분에 엄지 첫마디를 악기와 대각선이 되도록 가볍게 올려놓습니다.
2. 검지의 한마디 반 정도를 위쪽 커버에 얻은 후 중지 두 번째 마디까지를 하모니카 뒤쪽에 받쳐주면 됩니다.
3. 악기는 저음이 왼쪽, 고음이 오른쪽이 되도록 합니다.
4. 악기의 위치는 수평보다 약 10도 아래로 향하게 하여 연주합니다.
5. 허리는 구부리지 않고 똑바로 폅니다.
6. 얼굴은 항상 정면을 향하고 하모니카를 밀거나 당겨서 소리를 냅니다. 입술이 악기를 따라가면 안됩니다.
7. 어깨는 위로 올라가지 않게 합니다.
8. 양쪽 팔꿈치는 옆구리에 닿지 않도록 달걀 하나 정도 차이로 벌려 줍니다.
9. 호흡은 복식호흡을 하여 아랫배의 힘을 유지하도록 합니다.

하모니카 부는 방법

• 텅잉(Tonguing)

짧은 박자의 동일한 음을 연속적으로 연주할 때에 횡격막과 목구멍을 통한 바람의 세기와 길이를 제어하는 방식으로는 빠른 연주(속주)에 대처하기가 어렵습니다. 이런 경우 혀를 사용하는 Articulation의 한 방법인 텅잉에 의해 음을 내는 강도와 길이를 조절할 수 있습니다. 혀를 입천장에 붙였다 떼었다 하는 방식으로 '토-토'나 '타-타' 같은 소리를 내는 느낌으로 바람의 흐름을 끊거나 열어주면 됩니다. 약간 부드러운 표현은 '다-다' 또는 '도-도'와 같은 발음을 하는 느낌으로 하면 됩니다.

* 싱글 텅잉(Single Tonguing) - 타, 타, 타, 타
* 더블 텅잉(Double Tonguing) - 타다, 타다
* 트리플 텅잉(Triple Tonguing) - 타다다
* 혀가 입천장에 닿지 않고 하는 방법 - 가, 가, 하, 하
* 텅잉에 의해 혀를 사용하는 방법 즉 혀가 입천장에 닿는 느낌으로 하는 방법 - 토-토-토, 도-도-도
* 아주 빠른 곡은 혀를 굴리는 느낌으로 - 다라라, 다라라

• 퍼커(Pucker) 주법

입술 모양을 '오' 또는 '우' 모양으로 만들어 휘파람을 불 때처럼 입을 오므려서 세 칸 정도 물고 불면 양쪽은 마시는 음이기 때문에 부는 음 '도' 소리가 납니다.

*주의: 얼굴은 움직이지 말고 하모니카를 움직여서 소리를 내야 합니다.

• 텅 블럭(Tongue Block) 주법

혀와 입술을 모두 사용하며 입술의 폭을 넓게 하여 하모니카의 여러 구멍을 문 다음 혀를 사용하여 필요하지 않은 구멍을 막아서 필요한 음만을 내는 경우를 말합니다.

텅 블럭 주법을 완전히 익혀야 베이스 주법이나 화음 주법, 분산화음 주법을 할 수가 있습니다.

*텅 블럭으로 연주하면서 혀를 박자에 맞게 떼었다 붙이면 3홀 베이스, 5홀 베이스, 옥타브 베이스, 분산화음 베이스가 됩니다.

*혀로 어느 구멍을 얼마만큼 어떻게 막느냐와 어떻게 얼마만큼 열고 부느냐에 따라서 3홀, 5홀, 7홀, 9홀, 분산화음이 됩니다.

500 마일스

500 MILES

Peter Paul & Mary 노래
H. west

Slow

G Em Am

1 1 3. 3 2 1 3 - 0 2 1 2. 3 2 1

If you miss the train I'm on you will know that I am
one, - Lord I'm two Lord I'm three, - Lord I'm
shirt - on my back not a pen - ny to my

4 C Am Bm C D7

6 - 6 1 2. 3 2 1 6 5 0 5 6 1 2 - - -

gone. you can hear the whis - tle blow - a hun - dred miles,
four. Lord I'm five - hun - dred miles - - from my home
name Lord I can't - go a home - - this a - way

8 D7 G Em Am

2 0 1 1 1 3. 3 2 1 3 0 3 2 1 2. 3 2 1

A hun - dred miles a hun - dred miles, a hun - dred miles, a hun - dred
Five hun - dred miles five hun - dred miles, five hun - dred miles, five hun - dred
This a way - this a way - this a - way - this a -

12 C Am Bm C 1.2. G

6 - 6 1 2. 3 2 1 6 5 0 5 6 1 1 - - - 1 - 1 1

miles. you can hear the whis - tle blow - a hun - dred miles - Lord I'm
miles, Lord I'm five - hun - dred miles - from my home - - not a
way, this a way this a way - - this a -

17 3. G Bm Em C

1 - - - 1 - 1 1 3. 3 2 3 3 - 0 2 1 2. 3 2 1

way - - If you miss the train I'm on you will know that I am

22 C Am Bm C G

6 - 6 1 2. 3 2 1 6 5 0 5 6 1 1 - - -

gone you can hear the whis - tle blow - a hun - dred miles.

002 영원한 사랑

A Love Untill The End of Time

플라시도 도밍고, 모린 맥거번 노래

Carol Connors / Lee Holdridge

Slow
아 침 을 기 다 리 는 새 벽 별 처 럼 내 마 음 깊 은 그 곳 에 고 요 히 다 가 오 는
은 혜 로 운 빛 주 님 의 크 신 그 사 랑 어 둠 이 더 할 수 록 주 님 의 모 습 내
마 음 깊 은 그 곳 에 마 르 지 않 는 샘 물 되 어 흐 르 는 주 의 사 랑 은 영 원 히 때
로 는 길 을 잃 고 헤 매 도 주 님 은 나 의 등 불 이 되 고 내 맘 에 검 은 구 름 덮 여 도 - 주
님 은 나 를 품 어 주 시 네 오 변 함 없 는 주 의 크 신 그 사 랑 남 구 원 하 신 그 사
랑 내 마 음 다 해 주 를 찬 양 합 니 다 영 원 한 주 님 의 사 랑 때
로 는 길 을 잃 고 헤 매 도 주 님 은 나 의 등 불 이 되 고 내 맘 에 검 은 구 름
덮 여 도 - 주 나 를 품 어 주 시 네 주 나 를 품 어 주 시 네

003 러버스 콘테르토

A Lover's Concerto

Sarah Vaughan 노래

Go Go

A C#m D E7 A F#m
5 - 1 2 3 4 5 - 0 1 6 - 4 5 6 7 1 - 1 -
How gen-tle is the rain that falls sof-tly on the mea - dow

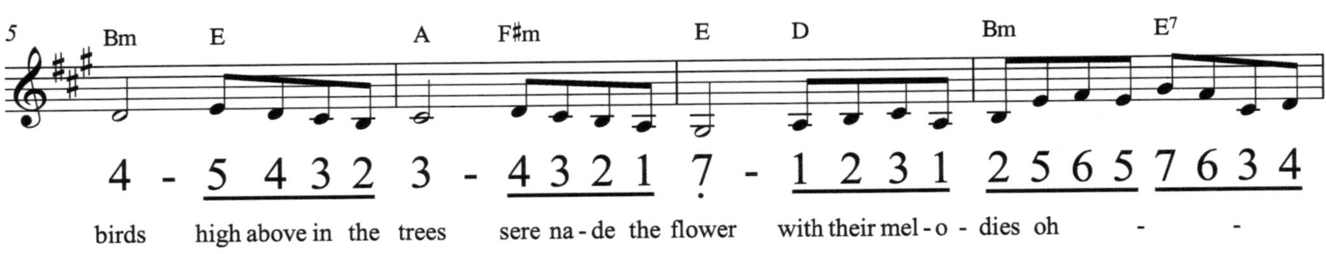
5
Bm E A F#m E D Bm E7
4 - 5 4 3 2 3 - 4 3 2 1 7 - 1 2 3 1 2 5 6 5 7 6 3 4
birds high above in the trees sere na-de the flower with their mel-o-dies oh - -

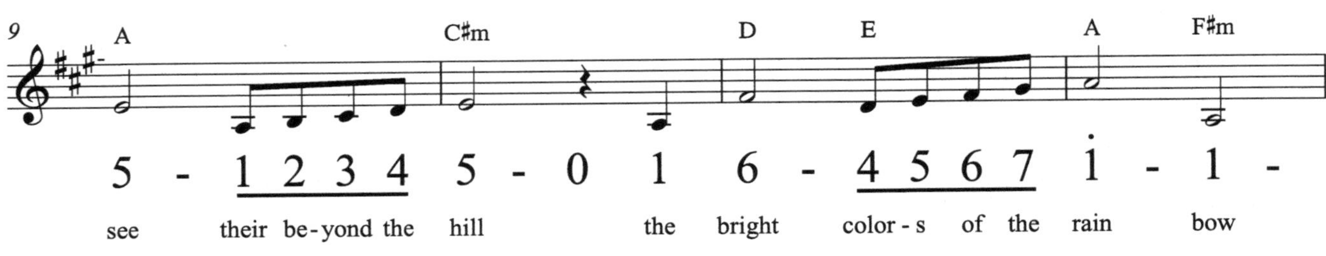
9
A C#m D E A F#m
5 - 1 2 3 4 5 - 0 1 6 - 4 5 6 7 1 - 1 -
see their be-yond the hill the bright color-s of the rain bow

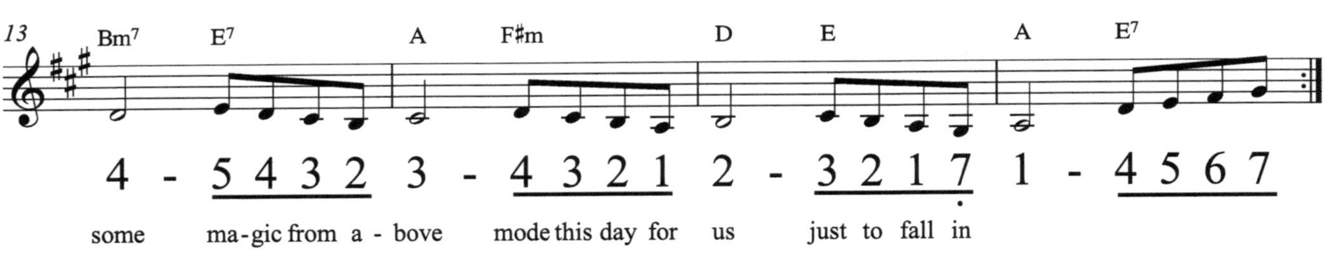
13
Bm7 E7 A F#m D E A E7
4 - 5 4 3 2 3 - 4 3 2 1 2 - 3 2 1 7 1 - 4 5 6 7
some ma-gic from a - bove mode this day for us just to fall in

17
A C#m D E7 A F#m
5 - 1 2 3 4 5 - 0 1 6 - 4 5 6 7 1 - 1 -

21
Bm E A F#m E D Bm E7
4. 5 4 3 2 4 3. 4 3 2 1 3 2. 2 3 2 1 7 2 3 - 2 -

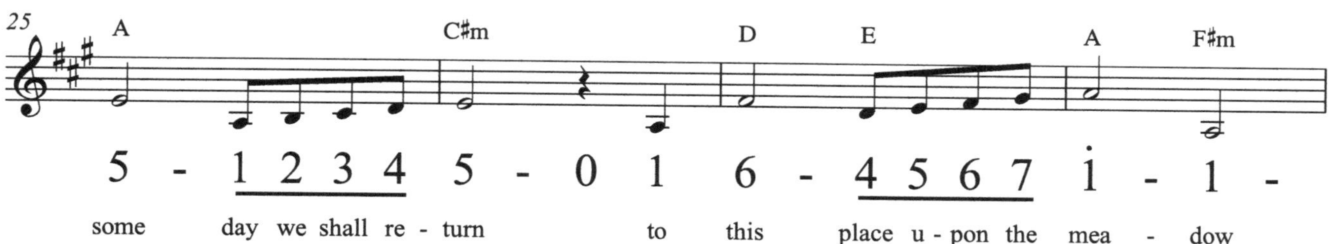
25
A C#m D E A F#m
5 - 1 2 3 4 5 - 0 1 6 - 4 5 6 7 1 - 1 -
some day we shall re - turn to this place u - pon the mea - dow

29
Bm E A F#m E D Bm E
4 - 5 4 3 2 3 - 4 3 2 1 7 - 1 2 3 1 2 6 7 6 7 5 6 3
we'll walk out in the rain hear the bird's a - bove sing-ing once a - gain oh - -

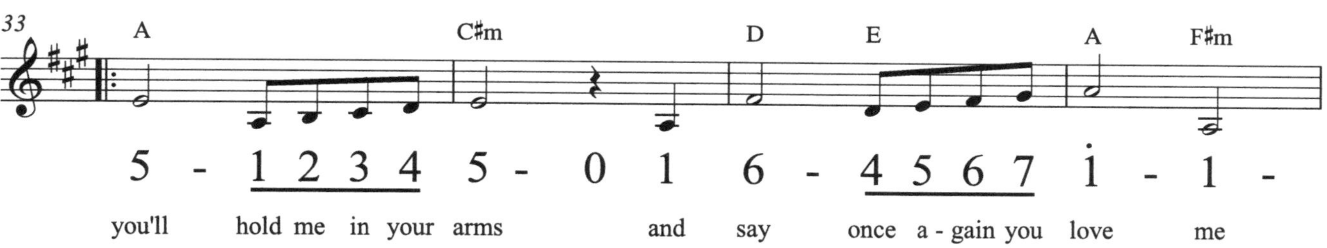
33
A C#m D E A F#m
5 - 1 2 3 4 5 - 0 1 6 - 4 5 6 7 1 - 1 -
you'll hold me in your arms and say once a - gain you love me

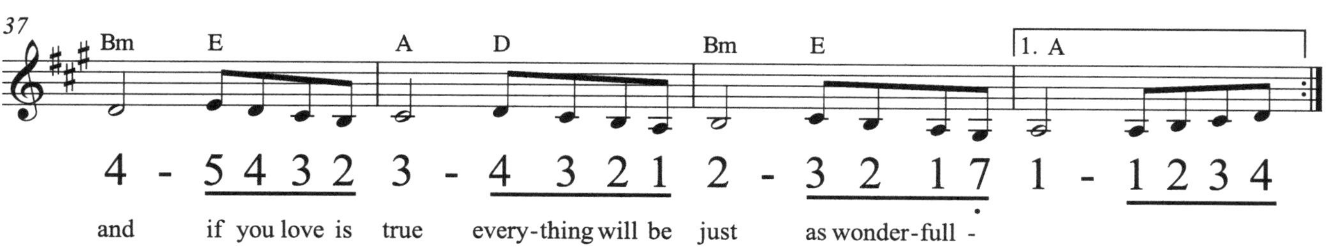
37
Bm E A D Bm E 1. A
4 - 5 4 3 2 3 - 4 3 2 1 2 - 3 2 1 7 1 - 1 2 3 4
and if you love is true every-thing will be just as wonder-full -

41
2. A Dm B♭M7 A
3
1 - 0 3 - 5 1 4. 5 #6 ♮6 5 ♮6 5 4 5 - - -

004 피서지에서 생긴 일

A Summer Place

Mack Discan / Max Steiner

Slowly Refrain
There's - A SUM - MER PLACE - where it may rain - or
storm - yet I'm safe - and warm - for with in - that sum - mer place -
your arms reach out - to me - and my heart - is free - from all
care - - for it know - - there are no - gloom-y skies when
seen - through the eyes of those - who are blessed with love - and the sweet se-cret
of - - A SMUM-MER PLACE - is that it's an - y
where - when two peo - ple share - all their hopes - - all their
dreams - - - all their loves - - - - loves

005 우리를 위한 시간

A Time For Us (Romeo and Juliet)

Johnny Mathis 노래

Love Theme from "Romeo and Juliet"

Slowly
A time for us some day there'll be when chains are torn by cour-age born of love that's
free A time when dreams so long de - nied can full fill as
we un-veil the love we now must hide A time for us at
last to see A time wor-th while for you and
me and with our love thro' tears and thorns we will en-dure as we pass sure - ly thro' ev-ery
storm a time for us some day there'll be A new world a
world of shin-ing hope for you and me oh for
you and me and with our me oh a world of shin-ing hope for you and me

006 어느 소녀에게 바친 사랑

All For The Love Of A Girl

Johnny Horton 노래

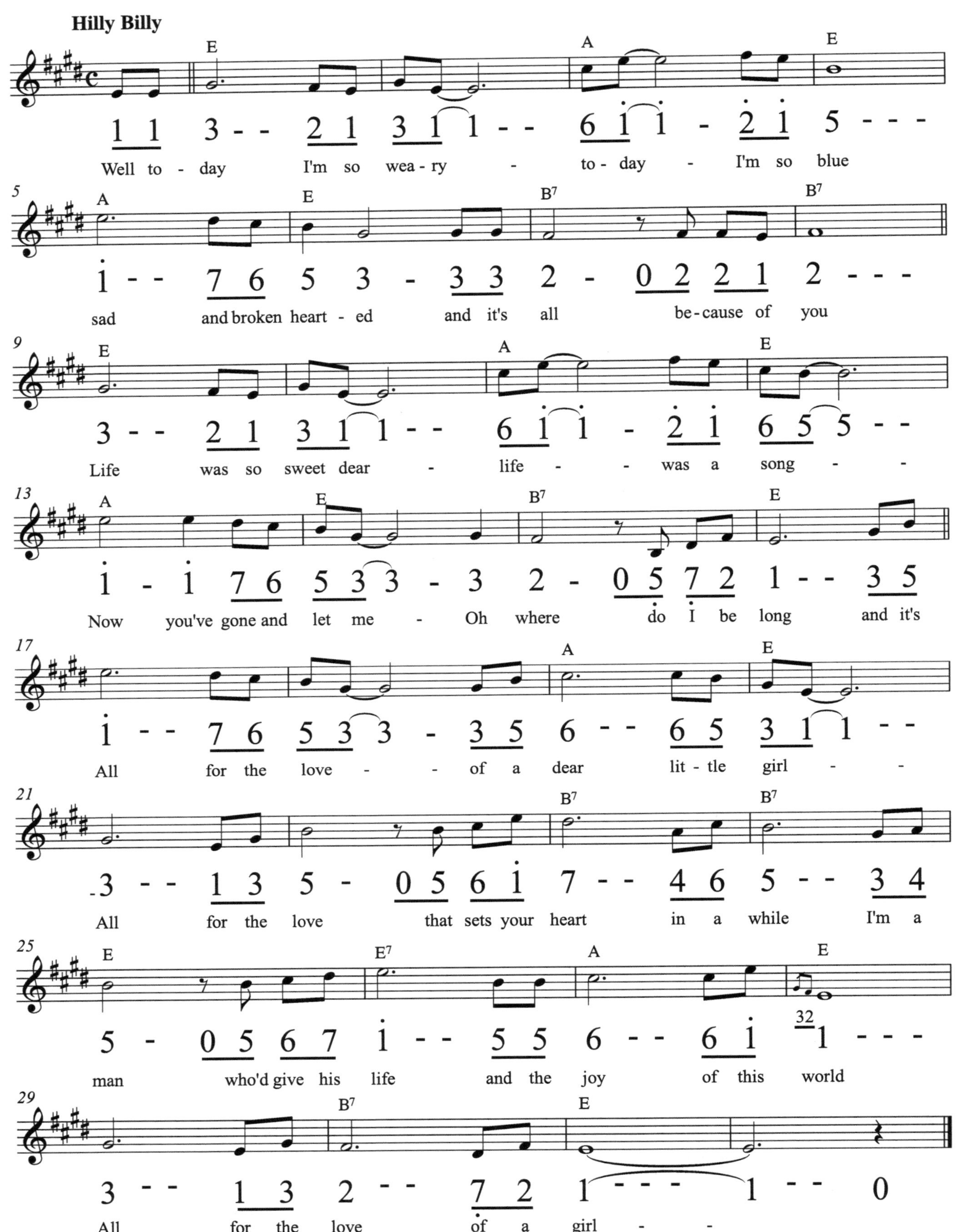
Hilly Billy
Well to - day I'm so wea - ry - to - day - I'm so blue
sad and broken heart - ed and it's all be - cause of you
Life was so sweet dear - life - - was a song - -
Now you've gone and let me - Oh where do I be long and it's
All for the love - - of a dear lit - tle girl - -
All for the love that sets your heart in a while I'm a
man who'd give his life and the joy of this world
All for the love of a girl - -

007

어메이징 그레이스

Amazing Grace

John Newton

WALTZ
A maz - ing - grace how sweet the sound that
ma ny - dan - gers toils and snares I
saved a - wretch like me - - I once - was -
have al - read - y come - - Tis grace - hath -
lost but now am - found was blind but
brought me safe thus - far and grace will
now I See - - Twas grace that - taught my
lead me home - - when we've been - there ten
heart to fear and grace my - fears re lived
thou - sand years bright shin - ing - as the sun
how pre - cious - did that grace ap - pear the
we've no - less - days to sing God's - praise than
hour I - first be lived - - through gun
when we - first be

008 더욱 더 사랑해요

And I Love You So

Perry Como 노래
Chet Atkins

8 Beat
C Dm7 G7 CM7
0 5 6 7 1 4 - 0 - 0 0 2 4 5 6 7 3 - 0 -
And I love you so the peo - ple ask me how
and you love me too you'r thoughts are just for me
5
Am Dm F G7
0 3 3 4 5. 6 4 - 0 - 0 0 3 4 3 2 1 5 - - -
how I've lived till now I tell them I don't know
you set my spir - it free I'm hap - py that you do
9
C Dm7 G7 CM7
0 0 5 5 6 7 1 4 - 0 - 0 0 4 4 5 6 7 3 - 0 -
I guess they un - der stand how lone - ly life has been
the book of life is brief and once a page is read
13
Am Dm F C
0 0 1 3 4 5 6 4 - 0 - 0 0 3 4 3 2 1 1 - - - 0 - 0 0 5
but life be-gan a - gain the day you took my hand and
all but love is dead that is my be - lief
18
C Dm Dm7
3 - - 3 3 - - 3 3 2 2 1 2 - 0 0 6 3 2 2 1
yes I know how one - ly life can be the shad-ows fol - low
22
G7 C Am
2 - - 2 2 2 1 1 5 5 - 5 - 0 5 3 - - 3
me and the night won't set me free - - - but I don't
26
Dm Dm7
3 - - 3 3 2 - 2 1 2 - - - 0 3 3 2 2 1
let the eve - ning get me down now - that you'r a -
30
G C F G C
2 - - - 1 - - - D.S 0 3 4 3 3 - 0 - 0 1 5 5 - - -
round me I tell them - - - I don't know

009 낙엽따라 가버린 사랑

Anything That's Part Of You

Elvis Presley 노래
Don Robertson

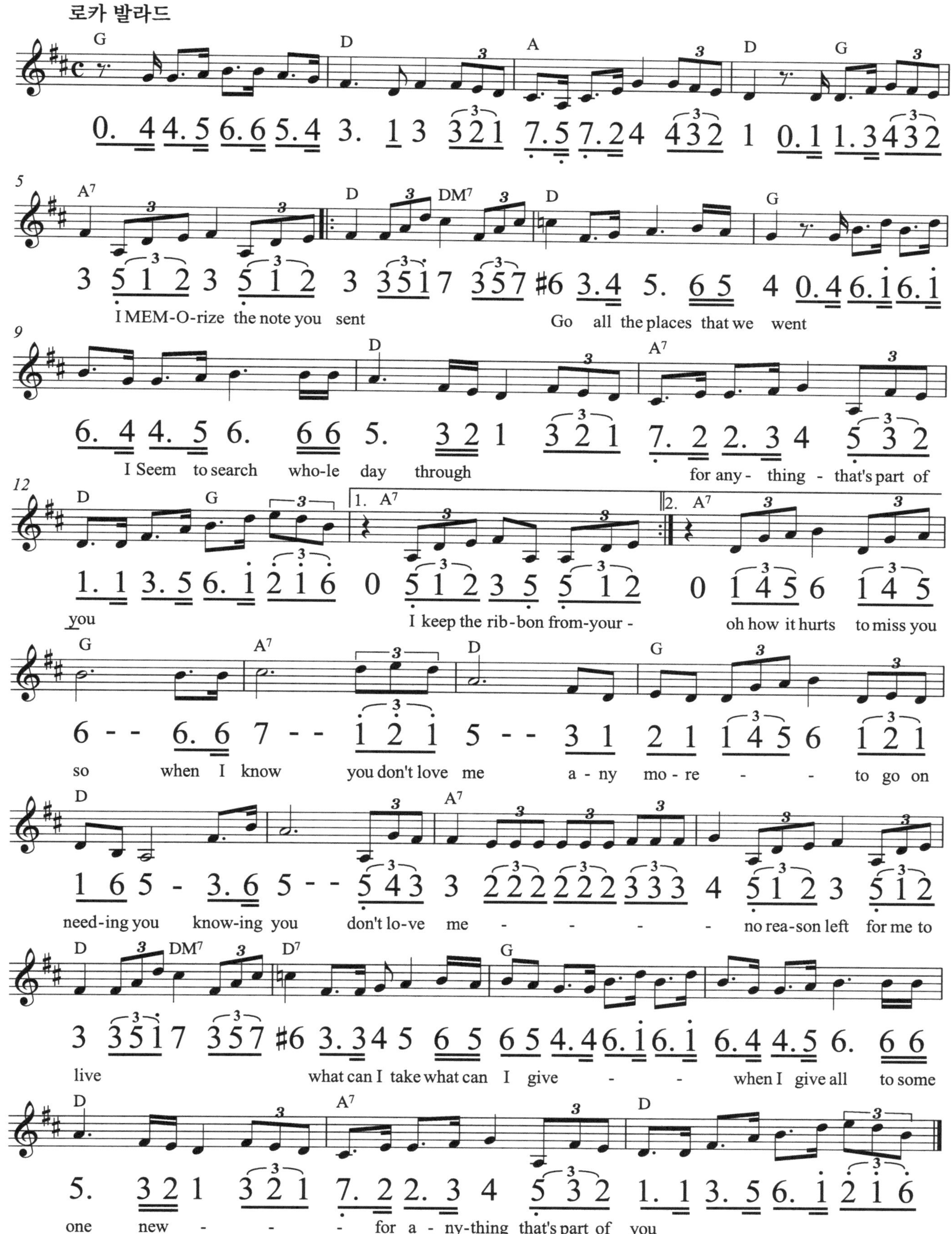
로카 발라드
I MEM-O-rize the note you sent
Go all the places that we went
I Seem to search who-le day through
for any - thing - that's part of
you
I keep the rib-bon from-your -
oh how it hurts to miss you
so when I know you don't love me a - ny mo - re - - to go on
need-ing you know-ing you don't lo-ve me - - - - no rea-son left for me to
live what can I take what can I give - - when I give all to some
one new - - - for a - ny-thing that's part of you

010

애니스송

Annie's Song

*John Denver*노래
John Denver

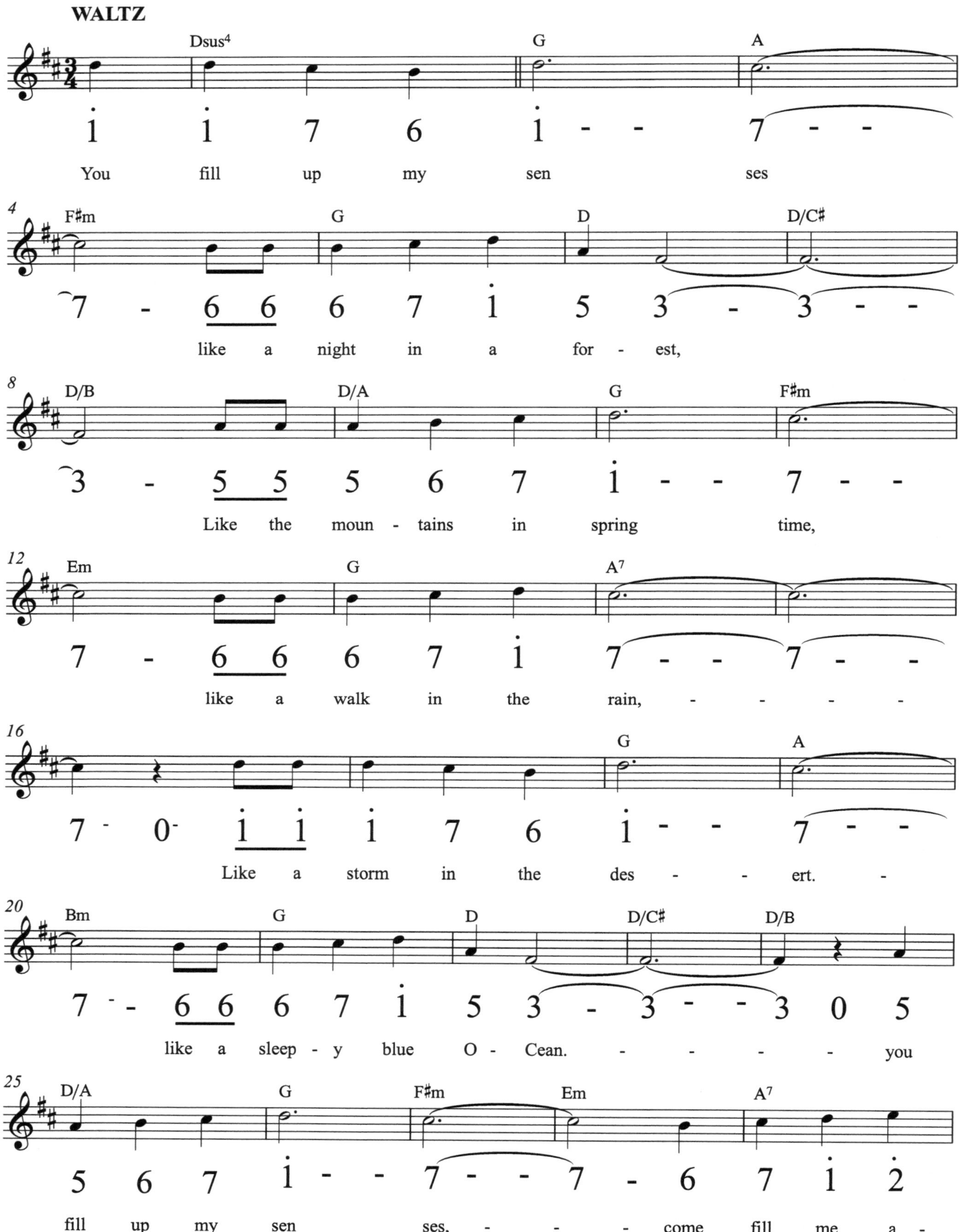
WALTZ
Dsus4 G A
1̇ 1̇ 7 6 1̇ - - 7 - -
You fill up my sen ses
4 F♯m G D D/C♯
7 - 6 6 6 7 1̇ 5 3 - 3 - -
like a night in a for - est,
8 D/B D/A G F♯m
3 - 5 5 5 6 7 1̇ - - 7 - -
Like the moun - tains in spring time,
12 Em G A7
7 - 6 6 6 7 1̇ 7 - - 7 - -
like a walk in the rain, - - - -
16 G A
7 0 1̇ 1̇ 1̇ 7 6 1̇ - - 7 - -
Like a storm in the des - - ert. -
20 Bm G D D/C♯ D/B
7 - 6 6 6 7 1̇ 5 3 - 3 - - 3 0 5
like a sleep - y blue O - Cean. - - - - you
25 D/A G F♯m Em A7
5 6 7 1̇ - - 7 - - 7 - 6 7 1̇ 2̇
fill up my sen ses, - - - come fill me a -

30
D Dsus4 D Dsus4 G A
gain Come let me love
sen ses
36
Bm G D D/C♯
let me give my life to you
like a night in a for - est
40
D/B D/A G F♯m Em
Let me drown in your laugh - ter let me
Like the moun - tains in spring time, like a
45
G A7
die in your arms. Let me lay dawn be -
walk in the rain. Like a storm in the
50
G A Bm G D D/C♯ D/B
side you, let me al - ways be with you
des ert, like a sleep - y blue O - cean you
57
D/A G F♯m Em A
Come let me love you come love me a -
fill up my sen ses, come fill me a -
62
1. D Dsus4 D Dsus4 2. D
gain you fill up my
gain

011 뷰티플 선데이
Beautiful Sunday

Daniel Boone 노래
Daniel Boone, Rod McQueen

Moderato
sun day - morn ing - lock with the lark - I think I'll - take - a - walk in the park -
Birds are - sing - ing - you by my side - Let's take the - car - and - go for a ride -
Hey hey hey it's a beau - ti - ful day - - - - - -
Hey hey hey it's a beau - ti - ful day
I've got - some - one - wait-ing for me - when I - see - her - know that you say
We'll drive - on - and - fol - low the sun - Mak ing - sun - day I go on and on -
Hey hey hey it's a beau - ti - ful day
Hey hey hey it's a beau - ti - ful day
Ha ha ha beau - ti - ful sun - day - this is my my

26
C C C
2 - 2 1 6 1. 6 5 - 5 0 1 2 1 3 - 3 -
my beau - ti - ful day - - - - when you - say say
30
C D7 D7 F
3 - 3 2 1 2. 1 6 - 6 0 2 1 6 5 6 - 1 -
say say that you love - me - - oh - - my my
34
G7 1. C 2. C
5 5 1 3 5 6 1 1 6 5 6 1 1 6 5 6 1 1 6 5 6
my it's a beau - ti - ful day - - - - - - day
38
C D G
1 1 6 5 6 1 6 3 - 3 - 3 - 3 2 1 2. 1 6 - 6 - 7 1
HA HA HA BEAU - TI - FUL SUN - DAY - this is
43
A7 A7 D D
2 - 2 - 2 - 2 1 6 1. 6 5 - 5 0 1 2 1
my my my beau - ti - ful day - - - - when you -
47
D D E7 E7
-3 - 3 - 3 - 3 2 1 2. 1 6 - 6 0 2 1 6 5
say say say say that you love - me - - oh
51
G A7 D D
6 - 1 - 5 5 1 3 5 6 7 1 6 5 6 1 1 6 5 6 1 6
my my my it's a beau - ti - ful day -

012

따뜻한 봄날에

Believe Me , If All Those Endearing Young Charms

Irish Folk Song

Moderato
A
B
보 - 리 잎이 햇빛에 반짝이면 종
달 새는 노 래하 네 - 푸 - 른 물결 스 치 며 날 아 올 라 창
공 - 에 솟 구 치 네 - 종달 새 식 구 들 한 데 모 여 앉 아 저
녁 밥 을 끝 내 며 는 - 아 그 리 운 사 랑 의 속 삭 임 은 언 제
까 지 나 변 함 없 네 -

013 비비디 바비디 부

Bibbidi Bobbidi Boo

M. Devid, A. Hoffman & Livingston

014 자유롭게 태어났어요

Born Free

Andy Williams 노래
Don Black & John Barry

Maestoso
F Bb F Bb
Born free - - as free as the wind blows - as free as the
Live free - and beau - ty sur - rounds you - the world still a -
Am 1. Gm7 C7 F C7
grass glows born free to fol - low your heart
stounds you each
2. Gm7 C C7 Gm C7
time you look at a star - - - stay free where no walls di -
Dm Dm7 Dm7-5 Bm6
vide you - you're free as a roar - ing tide so there's no need to -
C C7 F Bb F
hide - - - born free and life is worth liv - ing -
Bb Am Gm7 C7sus F
but on - ly worth liv - ing cause you've born free -

015

험한세상 다리가되어

Bridge Over Troubled Water

Paul Simon

Slow Go Go

Eb Ab Adim Eb/Bb C7sus4 C7 Ab Abm6
3. 3 3 2 1 - 7 6 6 5 3 5. 0 6 1 2. 2 3

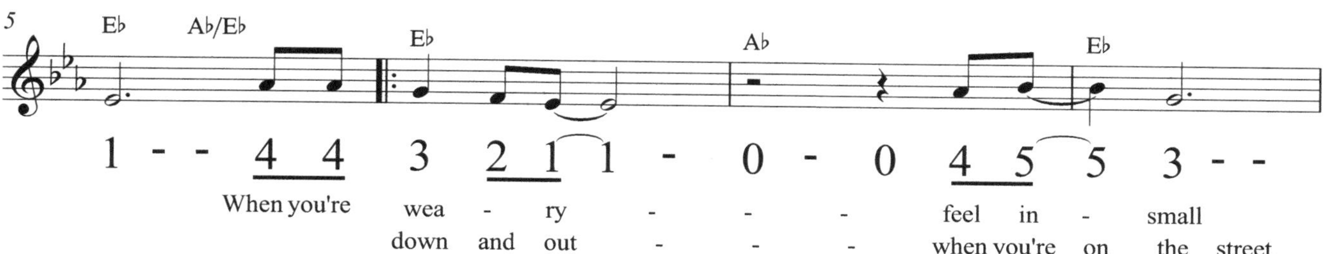
5
Eb Ab/Eb Eb Ab Eb
1 - - 4 4 3 2 1 1 - 0 - 0 4 5 5 3 - -
When you're wea - ry - - - feel in - small
down and out - - - when you're on the street

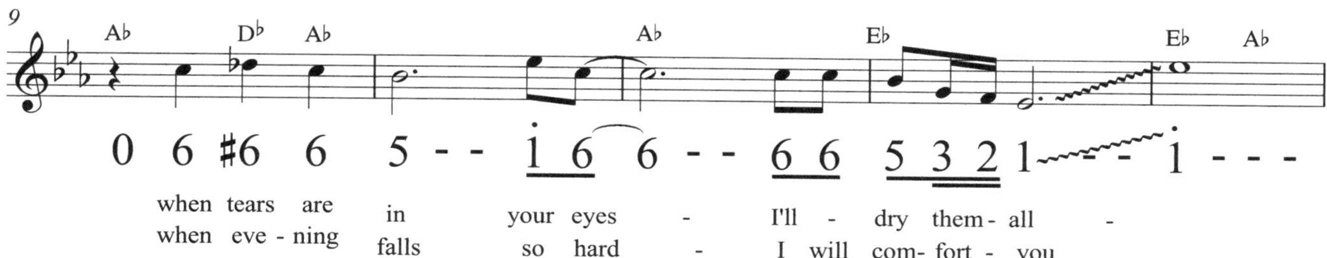
9
Ab Db Ab Ab Eb Eb Ab
0 6 #6 6 5 - - 1 6 6 - - 6 6 5 3 2 1 - - 1 - - -
when tears are in your eyes - I'll - dry them- all -
when eve - ning falls so hard - I will com- fort - you

14
Eb Bb Cm Bb Bb9 Eb Eb
0 3 2 1 2 2 - - 2 5 5. 5 3 2 1 1. 2 3 - -
I'm on your side - - oh - when times - get rough
I'll take your part - - oh - when dark - ness comes -

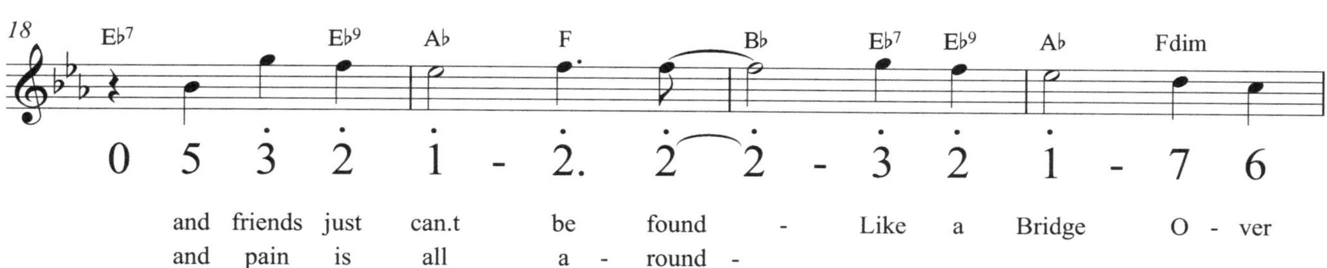
18
Eb7 Eb9 Ab F Bb Eb7 Eb9 Ab Fdim
0 5 3 2 1 - 2. 2 2 - 3 2 1 - 7 6
and friends just can.t be found - Like a Bridge O - ver
and pain is all a - round -

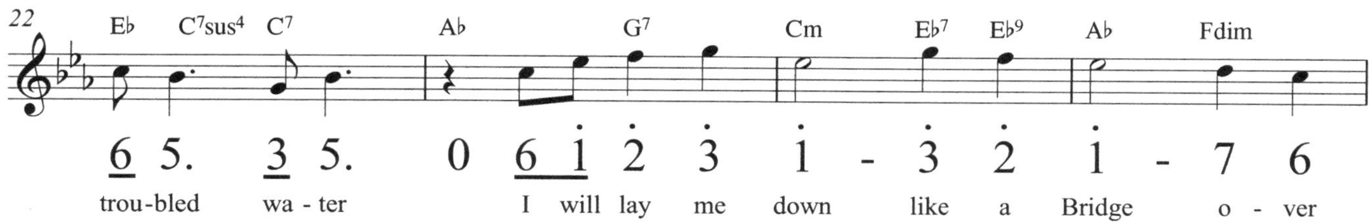
22
Eb C7sus4 C7 Ab G7 Cm Eb7 Eb9 Ab Fdim
6 5. 3 5. 0 6 1 2 3 1 - 3 2 1 - 7 6
trou-bled wa - ter I will lay me down like a Bridge o - ver

26
1. E♭ C7sus C7 A♭ B♭sus B♭7 E♭ E♭
6 5. 3 5 0 6 1 2 3 1 - - - 3. 3 3 3 2 1
trou - bled wa - ter I will lay me down

30
A♭ E♭ E♭ A♭
1 - 1 4 1 6 4 1 3. 3 3 3 2 1 1 - - - 1 - 0 4 4
when you're

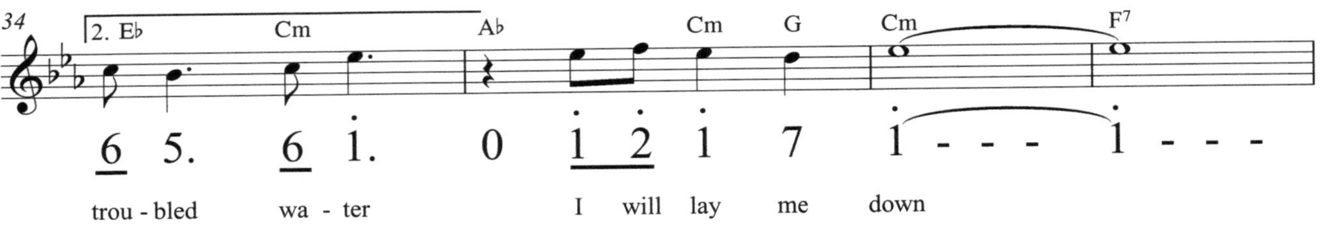
34
2. E♭ Cm A♭ Cm G Cm F7
6 5. 6 1. 0 1 2 1 7 1 - - - 1 - - -
trou - bled wa - ter I will lay me down

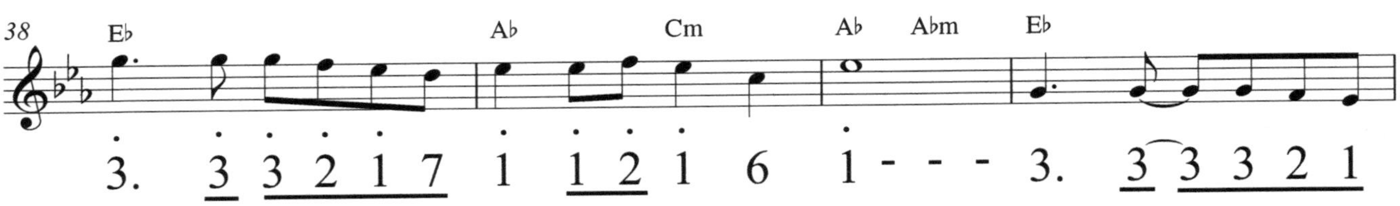
38
E♭ A♭ Cm A♭ A♭m E♭
3. 3 3 2 1 7 1 1 2 1 6 1 - - - 3. 3 3 3 2 1

42
A♭ E♭ A♭ E♭
1 - - - 3. 3 3 2 1 7 1 1 2 1 6 1 - - -

46
A♭ E♭
0 0 6 6 5. 4 3 - - 0 - 0 6 7 5 - - -
sail on sil - ver girl sail on by

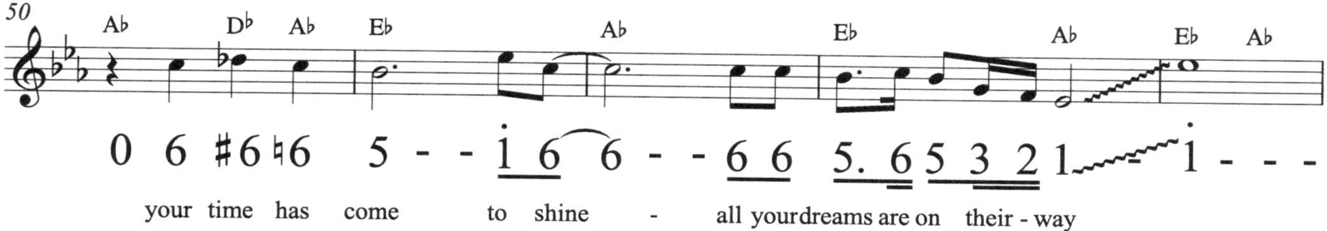
50
A♭ D♭ A♭ E♭ A♭ E♭ A♭ E♭ A♭
0 6 ♯6 ♮6 5 - - 1 6 6 - - 6 6 5. 6 5 3 2 1 1 - - -
your time has come to shine - all your dreams are on their - way

55
E♭ B♭ Cm B♭ E♭
0 3 2 1 2 - - 2 5 5 - - 5 5 5. 4 3 -
see how they shin - oh - - if you need a friend

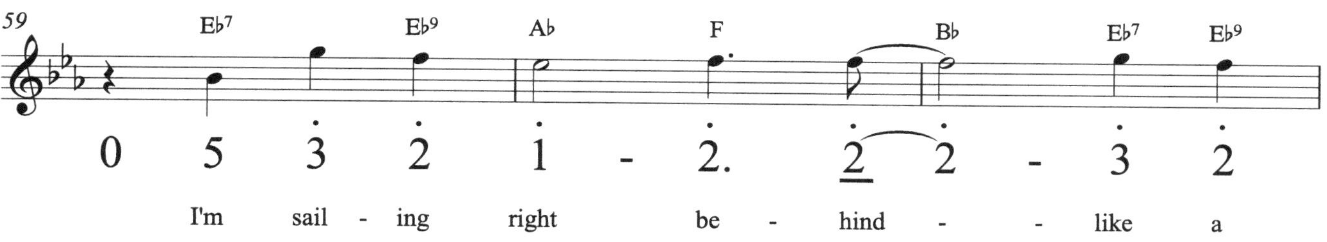
59
E♭7 E♭9 A♭ F B♭ E♭7 E♭9
0 5 3 2 1 - 2. 2 2 - 3 2
I'm sail - ing right be - hind - - like a

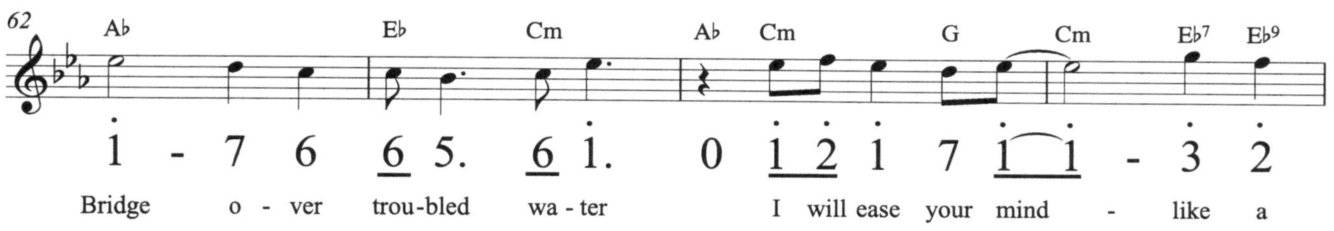
62
A♭ E♭ Cm A♭ Cm G Cm E♭7 E♭9
1 - 7 6 6 5. 6 1. 0 1 2 1 7 1 1 - 3 2
Bridge o - ver trou-bled wa - ter I will ease your mind - like a

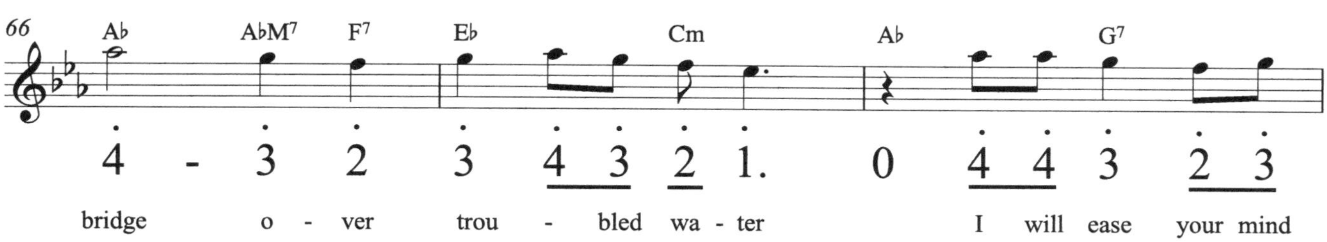
66
A♭ A♭M7 F7 E♭ Cm A♭ G7
4 - 3 2 3 4 3 2 1. 0 4 4 3 2 3
bridge o - ver trou - bled wa - ter I will ease your mind

69
Cm F9 FM9 E♭ A♭ E♭
3 - - - 3 - - 3 2 1. 1 - - 1 - - -

016

캘리포니아의 꿈

California Dreaming

John, Phillips & Michelle Phillips

017

카사 비앙카

Casa Bianca

Don Backy & Detto Mariano

Begin Beguine
There's a white house in the town old and seared and tum-bled down
There's a fire a chair a dream was I six or sea-ven teen
I can build it up once more - - that's what me-mo-ries are for
as the years go by you'll find - - - that there's tricks up on the mind
why does John-ny dis-ap-pear what be-came of yes-ter year
with my mo-ther and my fa - ther - there I knew love was ev-ry where
was it hate that closed the door what do chil-dren now of wore - -
there's a white house in the town old and seared and tum-ble down - -
old and seared and tum-bled down - - gone the white house in the town
I can build it up once more - - that's what me - mo-ries are
for that's what me - mo - ries are for do a white hou - se -

018

체인징 파트너

Changing Partners

Patti Page 노래

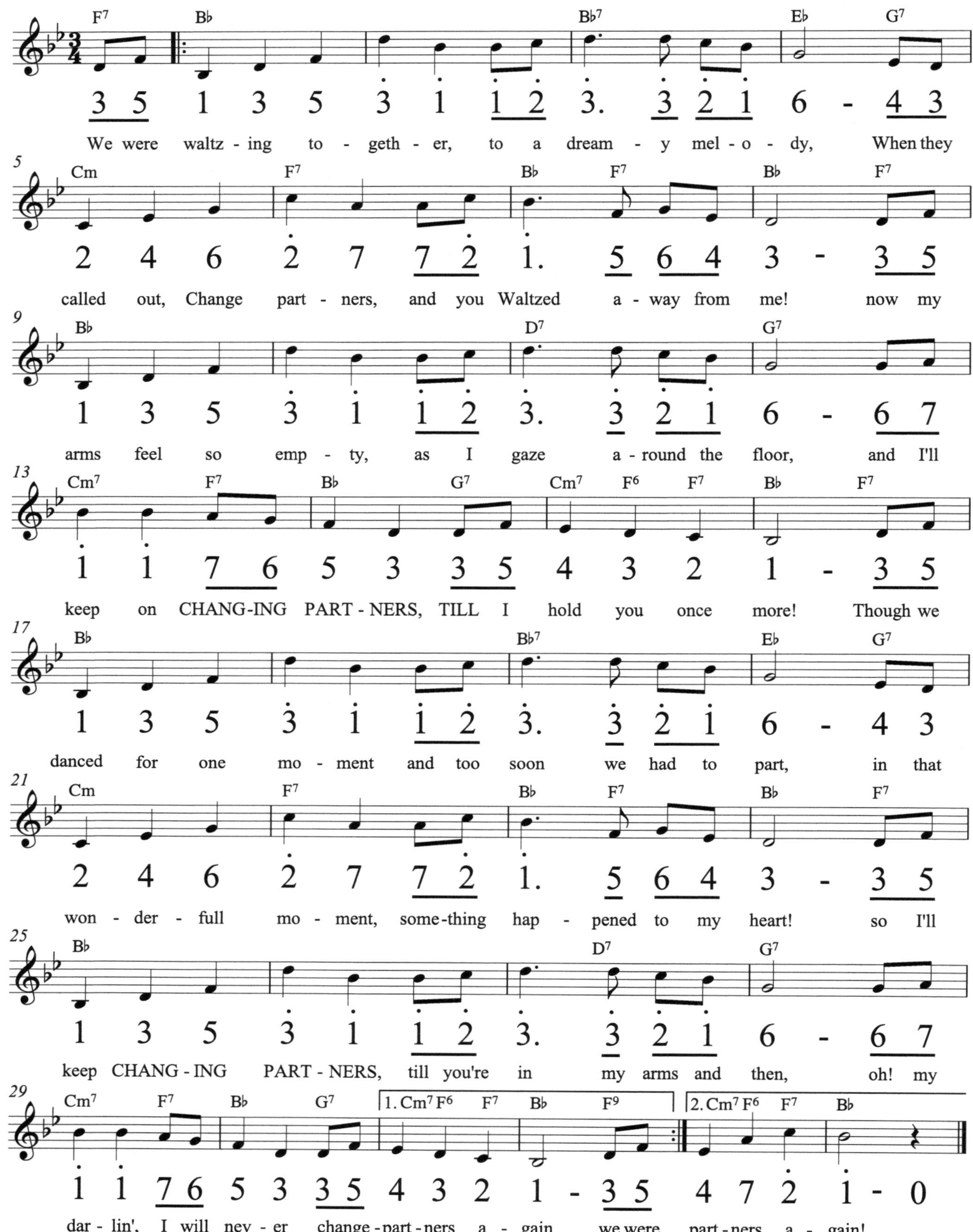
F7 Bb Bb7 Eb G7
We were waltz - ing to - geth - er, to a dream - y mel - o - dy, When they
Cm F7 Bb F7 Bb F7
called out, Change part - ners, and you Waltzed a - way from me! now my
Bb D7 G7
arms feel so emp - ty, as I gaze a - round the floor, and I'll
Cm7 F7 Bb G7 Cm7 F6 F7 Bb F7
keep on CHANG-ING PART - NERS, TILL I hold you once more! Though we
Bb Bb7 Eb G7
danced for one mo - ment and too soon we had to part, in that
Cm F7 Bb F7 Bb F7
won - der - full mo - ment, some-thing hap - pened to my heart! so I'll
Bb D7 G7
keep CHANG - ING PART - NERS, till you're in my arms and then, oh! my
Cm7 F7 Bb G7 1. Cm7 F6 F7 Bb F9 2. Cm7 F6 F7 Bb
dar - lin', I will nev - er change - part - ners a - gain we were part - ners a - gain!

019

코튼 필드

Cotton Fields

Traditional / Huddie Ledbettor 편곡

Calypso
F F7 B♭
5 5 5 5 6 6 5 5 5 5 3 3 3 3 2 2 1 1 1 1.
When I was a lit - tle bit of ba - by my ma - ma would rocked me in the
4
F 1. C7
6 5. 1 1 3 - - - 5 5. 5 3 2 - - - 0 - 5 5
cra - dle in the old cot - ton fields at home when I
9
2. C7 F F7 B♭
2 2. 3 2 1 - - - 0 1 2 3 4 4. 4 4
cot - ton fields at home oh when them cot - ton balls got
13
F
4 4. 4 4. 3. 3 3 ♯2 3 2 1. 1 3 5 - - -
rot - ten you can't pick ver - y much cot - ton in them old
17
F C7 F
6 5. 5 3 2 - - - 0 - 5 5 5. 5 6 5
cot - ton fields at home it was down in Lou - si
21
F7 B♭ F
5 3. 2 2 1 1 1 1. 6 5. 1 1
an - a just a mile from tex - ar - ka - na and them
24
C7 F
3 - - - 2 2. 3 2 1 - - -
old cot - ton fields at home

020 축하합니다

Congratulation

Cliff Richard 노래

Moderato
A E7 A
Con gra - tu
5 A Bm
la - tions and cel - e - bra - tions When I tell
9 E7 A
ev - ery one that you'r in love with me Con - gra - tu
13 A Bm
la - tions and ju - bi - la - tion I want the
17 E A
world to know I'm hap - py as can be Who could be -
I was af -
21 E E7 A A
lie - ve that I could be hap - py and con - ten - ted I use to
raid that may - be you thought you were a - bove - me That I was
25 E E7 A
tink that hap - pi - ness had - n't been in - vent - ed But that was
on - ly fool - ing my - self to think that you'd vent - ed But then to -

29
F♯ F♯ F♯7 Bm Bm7
in the bad old days be - fore I met you When - I
night you said you could - n't live with - out me That round a -
33
Bm7 B7 E
let you walk in - to my heart - -
bout - me you wanted to stay - -
37
E A
D.S
Con gra - tu be
41
A Bm
45
E7 A
Con gra - tu
49
A Bm
la - tion and ju - bi - la - tion I want the
53
E7 A A
world to know I'm hap - py as can be I want the
57
E6 E7 A
world to know - - I'm hap - py as can be -

021 크레이지 러브

Crazy Love

Paul Anka

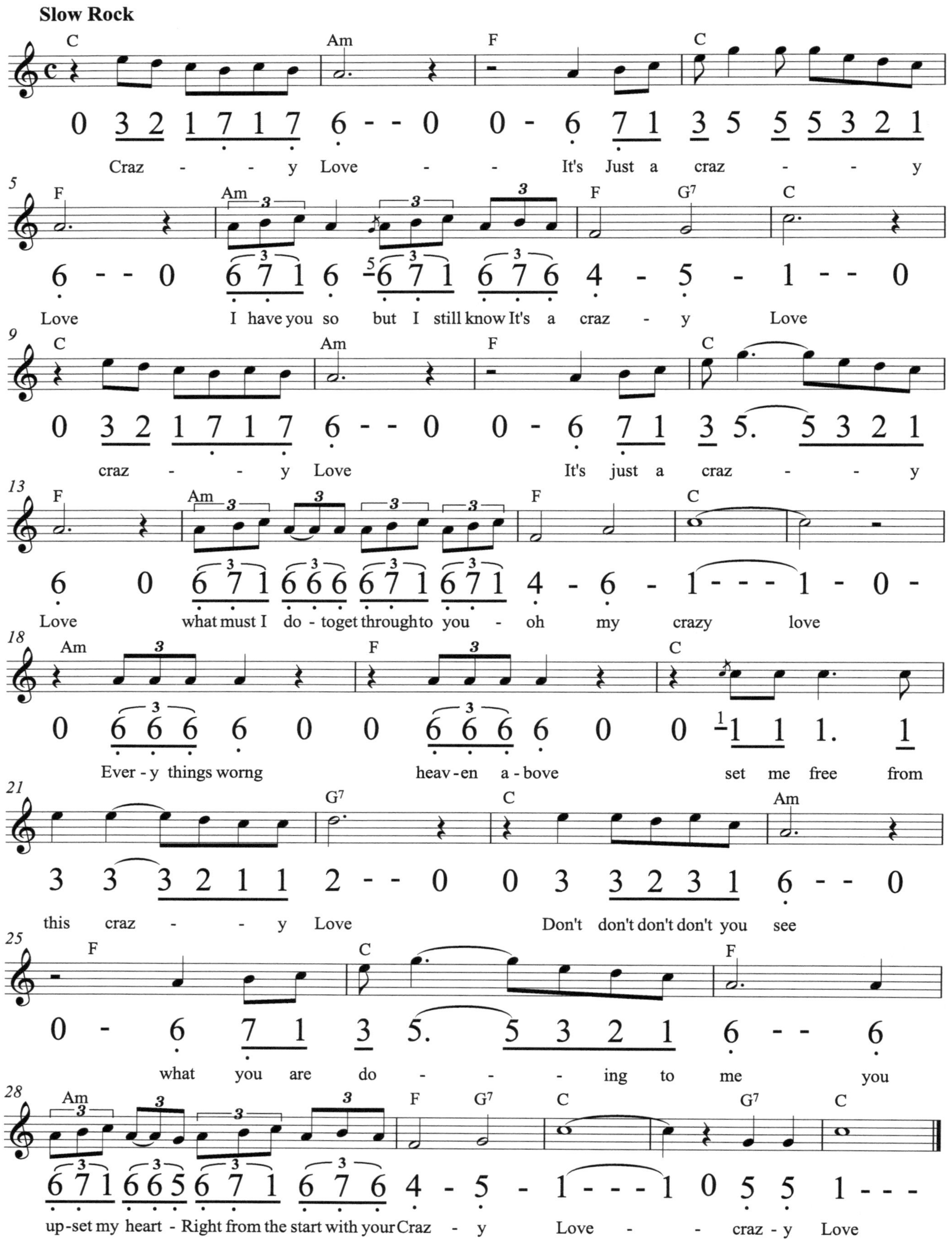
Slow Rock
Craz - - y Love - - It's Just a craz - - y
Love I have you so but I still know It's a craz - y Love
craz - - y Love It's just a craz - - y
Love what must I do - toget throughto you - oh my crazy love
Ever - y things worng heav - en a - bove set me free from
this craz - - y Love Don't don't don't don't you see
what you are do - - - ing to me you
up-set my heart - Right from the start with your Craz - y Love - - craz - y Love

022 딜라일라

Delilah

Tom Jones 노래

Slow Rock
I saw the light on the night that I passed by her window - - - I saw the flick-er ing sha-dows of love on her blinds - - -
At break of day when that man drove way I was wait ing - - - I crossed the street to her house and she opend the - door - -
She wa - s my wo - man - - as she de-ceived me I watched and went out of my mind
She s - tood there laugh - ing - - I felt the knife in my hand and - she laughed no more
My My My De - le - lah - - - why why why De - li - lah - - - I could she that girl - was no good for me but
so be - fore they come - to break down the door for
but I was lost like a slave that - no man can free
give me de - li lah - I just couldn't take any - more
D.S
for give me deli - lah I just couldn't take a - ny more

023

다이아나

Diana

Paul Anke 노래

8 Beat
Eb Cm Fm7 Bb7 Eb
3 3 3 3 3 3 3 - 4 4 4 4 5 4 2 - 3 3 3 3
I'm so young and you'r so old this my dar - ling I've been told. I don't care just

6
Cm Fm7 Bb7 Eb
3 3 3 - 4 4 4 4 5 4 2 - 5 5 5 5
what they say cause for ev - er I will pray you and I will

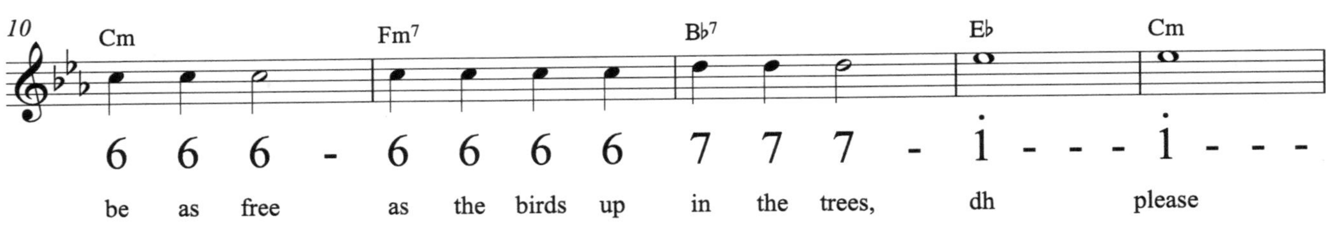
10
Cm Fm7 Bb7 Eb Cm
6 6 6 - 6 6 6 6 7 7 7 - i - - - i - - -
be as free as the birds up in the trees, dh please

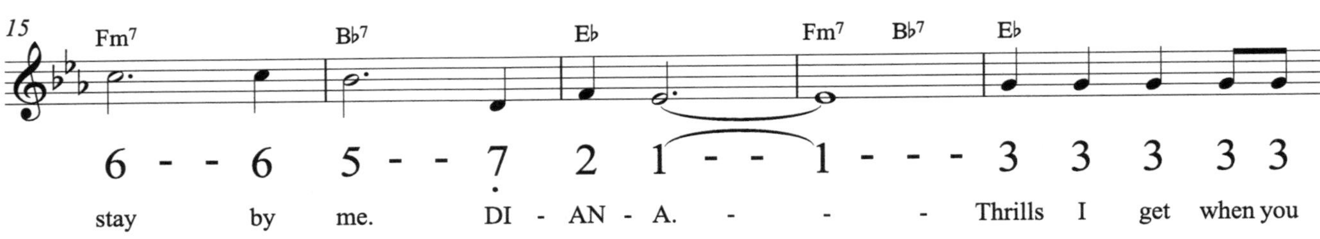
15
Fm7 Bb7 Eb Fm7 Bb7 Eb
6 - - 6 5 - - 7 2 1 - - 1 - - - 3 3 3 3 3
stay by me. DI - AN - A. - - - Thrills I get when you

20
Cm Fm7 Bb7 Eb
0 3 3 3 - 0 4 4 4 4 5 4 2 - 3 3 3 3 3
hold me close. oh my dar - ling you'r the most I love you but do

24
Cm Fm7 Bb7 Eb
3 3 3 - 4 4 4 4 5 4 2 - 5 5 5 5
you love me? Oh DI - AN - A can't you see I love you with

28
Cm Fm7 Bb7 Eb Cm
6 6 6 - 6 6 6 6 6 7 7 7 - 1 - - - 1 - - -
all my heart and I hope we will nev - er part. oh please
33
Fm7 Bb7 Eb Fm7 Bb7 Ab Abm
6 - - 6 5 - - 7 2 1 - - 1 - - - 0 6 6 6 6. 0 #5 #5 #5 #5.
stay with me, DI - AN - A. - - oh my dar-lin' oh my lov - er
39
Eb Eb7 Ab Abm
0 5 5 5 5 0 5 5 5 5. 0 6 6 6 - 0 #5 #5 #5. #5
tell me that there is no oth - er I love you with my heart. oh
43
Eb Ebdim Fm7 Bb7 Eb Cm
5 0 5 5 0 5 5 5 5 5 5 5 5 5 3 3 3 3 3 3 3 -
oh oh oh oh oh - - - on - ly you can take my heart
47
Fm7 Bb7 Eb7 Cm
4 4 4 4 5 5 4 2 2 - 3 3 3 3 3 3 3 3 3 -
on - ly you can tear it a - part - when you hold me in your lov - ing arms
51
Fm7 Bb7 Eb Cm
4 4 4 4 4 4 4 5 4 2 - 5 5 5 5 5 5 6 6 6 -
I can feel - you giv-ing all your charms. hold me dar-ling. ho ho hold me tight.
55
Fm7 Bb7 Eb Cm Ab
0 6 6 6 6 6 6 7 7 7 - 1 - - - 1 - - - 6 6
squeeze me ba - by with a all you might. oh please stay by
60
Bb7 Eb Fm7 Bb7 Eb
5 - - 7 2 1 - - 1 - - - 6 - - - 5 - - 7 2 1 - - 1 - - -
me DI - AN A - - Oh please DI - AN - A -

024

날 기억해줘요

Don't Forget To Remember

Bee Gees 노래

Gibb Barry Alan & Bibb Maurice

Slow Beat
Oh my heart won't be - live that you have left me - - - I keep
wall lies a pho - to-graph of you girl - - - thought I
tell - my self - - that it's true I can
try to for - get you some - how you'r the
get o - ver an - y - thing - you want - my love but I
mirror of my soul so take - me out of my whole let me try to
can't get my self o - ver you don't for
go on liv - in' right - now
get to re - mem - ber me and the love that used to be
I still re - mem - ber you I love you - - in my
heart lies a me - mo - ry to tell the - stars a bove don't for
get to re - mem - ber me my love - - oh my

025

철새는 날아가고

El Condor Pasa 후주

Traditional

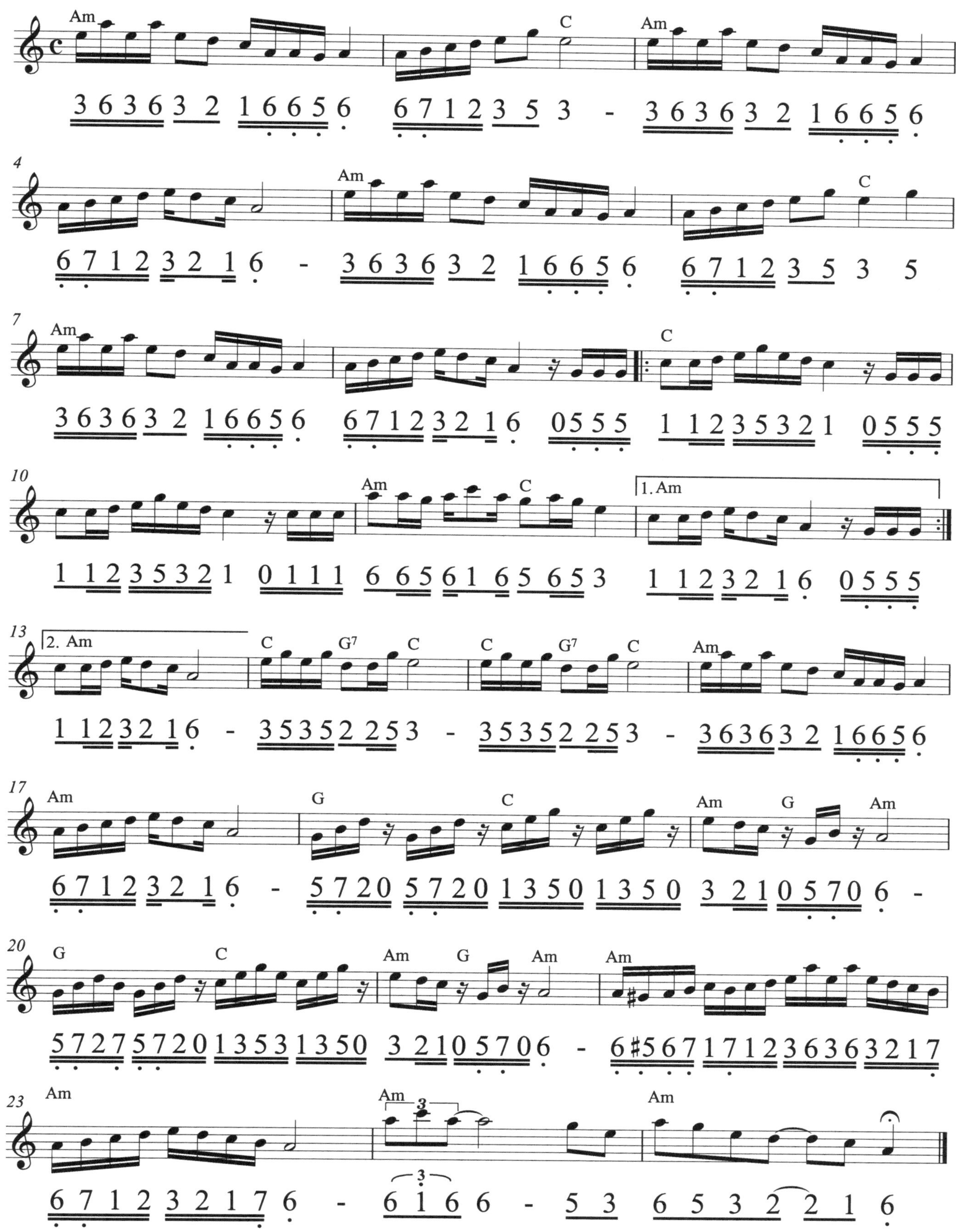

026 오해하지 마세요

Don't Let Me Be Misunderstood

Gloria Caldwell
Bennie Benjamin Solmacus

Moderato

Ba-by do you un-der stand me now - some-times I feel a lit-tle mad but
Ba-by some-times I'm so care free - with a joy - that's hard to hide and

don't you know that no one a-live can al - - ways be - an an - gel
some-times it seems - that - - all I have to do is wor-ry

when things go wrong I seem to be bad but
and then you're bound to see my other side but

13
C
Am
F
3 3 3 3 3 3 3 2 1 3 3 0 0 2 2 0 2 2 2 3 2 1 6 5
I'm just a soul whose in ten-tions are good - - oh lord please don't let me be mis-un-der

17
Am
1. Dm
Am
Dm
6 - 0 - 0 6 5 6 7 1 7 6 6 5 6 6 5 6 - 0 6 5 6 7 1 7
stood

21
2.Am G F G F G F G C Am
stood
If I seems edg-y I want you to know - that I nev-er mean to take it out on you
26
F G F G F E
life has it's prob-lems and I get my share - and thats one thing I nev-er mean to do cause I love you
30
Am G F E
oh oh oh - Ba-by don't you know I'm hu - man have faults-like an-y oth-er one
34
Am G F E G
some-times I find-my self a lone re-gret ting some fool-ing thing some lit-tle sim-ple thing I'vedone but
38
C Am G F
I'm just a soul whose in - ten-tions are good - - oh Lord please don't let me be mis-un-der
42
Am Dm G C Am G
stood yes I'm just a soul whose in ten-tions are good -
46
F Am 1. Dm G
oh lord please don't let me be mis - un - der stood yes
50
2. Dm Am Dm Am

027

에레스 뚜

Eres Tu

Mocedades 노래

028 고향 생각

Flee as a Bird (추억)

Spanish Melody

Moderato
Em B7 Em B7 Em
6 3. 33 4. 3 3. 217 - 6 1. 17 3. 3 6 - 6 -
5
Em B7 Em D E♭ Em B7
6 3. 33 4. 3 3. 217 - 6 1. 12 #2. 2 3 - 7 0
사 랑 하는 나 의 고 향 - 을 한 번 떠나 온 후 에

9
Em B7 Em B7 Em
6 3. 33 4. 3 3. 217 - 6 1. 17 3. 3 6 - 6567
날 이 가고 달 이 갈 수 - 록 내 맘 속에 사 무 쳐

13
G D7 G D7 Em B7
1 3. 21 6. 5 5. 432 0 3 2. 35432 1. 217 0
자 나 깨나 너 의 생 - 각 잊 을 - 수 - 가 - 없 구 - 나

17
Em B7 Em B7 Em Am
6 3. 33 4. 3 3. 217 07 6 1. 17 3. 3 6 - 4 -
나 언 제나 사 랑 하 - 는 내 고 향 에다 시 갈 까 아

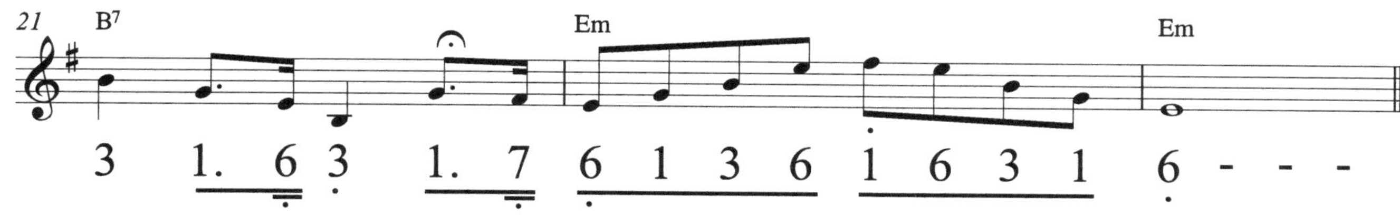

21
B7 Em Em
3 1. 63 1. 7 6136 1631 6 - - -

029

필링

Feelings

Morris Albert 노래

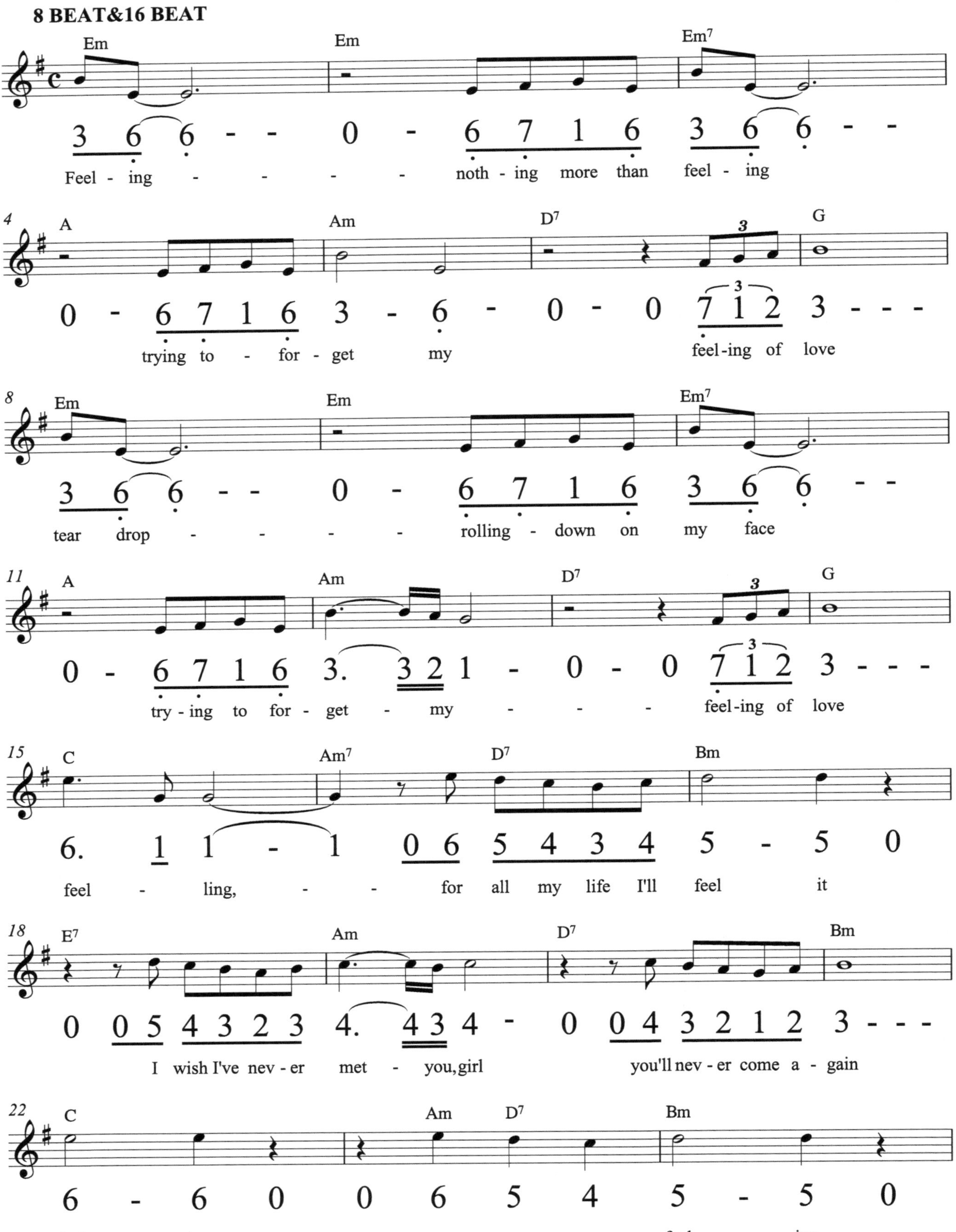
8 BEAT&16 BEAT
Em Em Em7
Feel - ing - - - - noth - ing more than feel - ing
A Am D7 G
trying to - for - get my feel-ing of love
Em Em Em7
tear drop - - - - rolling - down on my face
A Am D7 G
try - ing to for - get - my - - - feel-ing of love
C Am7 D7 Bm
feel - ling, - - for all my life I'll feel it
E7 Am D7 Bm
I wish I've nev - er met - you, girl you'll nev - er come a - gain
C Am D7 Bm
feel - ing wo wo wo feel - ing

25
E7 Am D7
wo wo wo feel - you a - gain in my
28
F♯m7 Em Em
heart feel - ings - - - feelings - like I've
31
Em7 A Am
nev - er lost you, - - and feel - ings like I'll nev - er - have you -
34
D7 G C
a - gain in my heart feel - lings,
37
Am Bm E7
for all my life I'll feel it I wish I've nev - er
40
Am D7 F♯m Bdim
met you, girl, you'll nev - er come a - gain
D.S
43
C Am D7 Bm
feel - ings, wo wo wo feel - ings,
46
E7 Am D7 Bm7 E7
wo wo wo feel - ings a - gain in my arms.
F.O

030

좋은 시절을 위해

For The Good Times

Kris Kristofferson 노래

Slowly
Gm Gm7 C7 F F6 FMaj7 F6
Don't look so sad - - I know it's o - ver - - - but life goes
5 Gm C7 F F6 FMaj7 F F7
on - and this old world - will keep on turn - ing - - - Let's just be
9 B♭ C7 F F6 FMaj7 F F7
glad - we had some time - to spend to - geth - er - - - there's no
13 B♭ Gm Gm7 C7
need to watch the bridg - es that we're burn - ing - - - Lay your
17 F C7 C7
head - - - up - on my pil - low - - - - hold your
21 C7 B♭ Gm7 C7 F FM7
warm - and ten - der bod - y close to mine - - hear the whis - per of the
26 F7 B♭ B♭m C7
rain - drops blow - ing soft a - cross the win - dow and make be - lieve you
30 Gm C7 F B♭ F
love me - one more time - - - for the good times -

031

푸른 초원

Green Fields

Brothers Four 노래
T.Gilkyson, R.Dehr & F.Miller

Slow Rock
Once -there were green fields
Green field are gone- now
I'll - keep on wait-in
Kiss by the sun, Once - there were val - leys - where riv - ers - used to run
parched by the sun, Gone - from the val leys - where riv- ers used to run
'til you re- tun, I'll - keep on wait- ing - un - til the - day you learn
Once - there was blue sky - with white clouds high a -bove, Once - they were part of - an
Gone - with the cold wind - that swept in - to my heart, Gone - with the lov ers - who
you - can't be hap- py - while you heart's - on the roam you - can't be hap- py - un
ev -er - last - ing love we - were the lov - ers - who stolled - through green fields.
let their dreams de part. where - are the green fields - that we - used to
til you bring - it home home - to the green fields - and me - once a -
roam I'll nev -er know - what made you -run a -way How can I keep search - ing - when
dark clouds high the day I on -ly know there'snoth - ing - here for me noth - ing - inthis wide world
D.S

032 고향의 푸른 잔디

Green Green Grass of Home

Tom Jones 노래
C. Putman

Slow (county tempo)
The old home
town looks the same - as I step down from the train. and there to
meet me is my Ma ma and Pa - pa - - - and down the
road - and there runs Ma - ry, hair of gold and lips like Cher-ries. It's
good to touch the Green Green Grass Of Home - - yes they'll all come to
meet me, arms a reach - ing, smil-ing sweet - ly It's good to touch the
Green Green Grass of Home - - The old home
home

033 그린슬리브스

Green Sleeves

H. Sunitch

Waltz
las my love - you do me - wrong to - cast me
off - dis cour - teous - ly for I have court - ed
you so - long de - light - ing in - your - - - A
com - pa - ny Green slee - ves was all my - joy
Green - slee - ves was my de - light Green slee - ves my
heart of - gold and - who but my la - dy green
sleeves
so
D.S

034

그는 가야만 해요

He'll Have to Go

Jim Reeves 노래

F Bb F
2 #2 3 1 1 1 2 3 4 4 4 5 6 5 - - 5 0 3 4
Put your sweet lips - a lit - tle clos - er - to the phone - - Let's pre
to me - tell me do you - love me true - - Or is

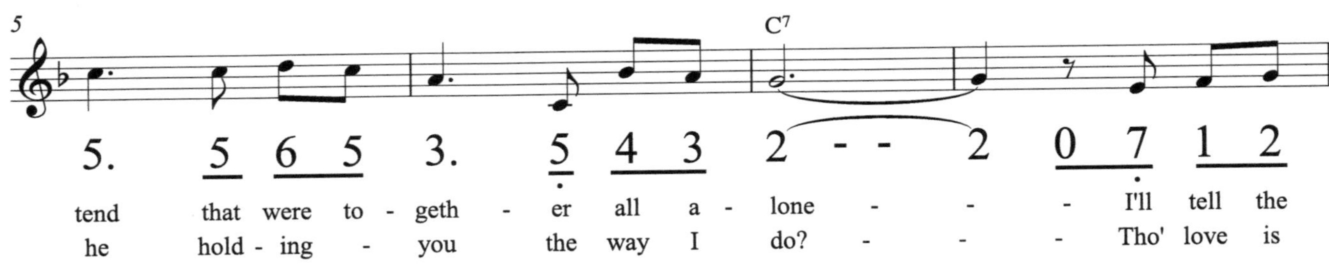
5
C7
5. 5 6 5 3. 5 4 3 2 - - 2 0 7 1 2
tend that were to - geth - er all a - lone - - - I'll tell the
he hold - ing - you the way I do? - - - Tho' love is

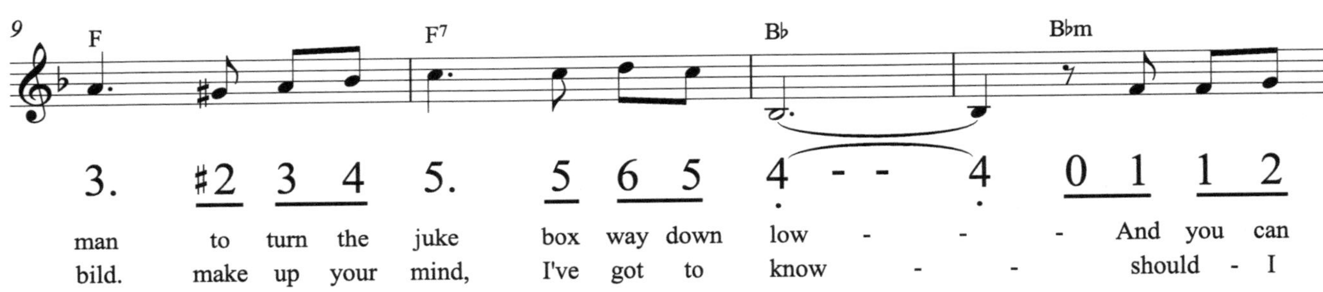
9
F F7 Bb Bbm
3. #2 3 4 5. 5 6 5 4 - - 4 0 1 1 2
man to turn the juke box way down low - - - And you can
bild. make up your mind, I've got to know - - should - I

13
1. F C7 F C7
3. 3 4 3 2 2 2 5 7 2 1 - - 1 0 2 #2
tell your friend there with you - HE'LL HAVE TO GO - - - Whis - per

17
2. F C7 F F7
3 3 3 5 1 3 2 2 2 5 7 2 1 - - 1 0 5 5
hang up - or will you tell him - HE'LL HAVE TO GO - - - you can't

21
B♭ F F7
6. ♯5 6 ♯6 6 5 4 4 4 3 ♯2 3 4 3 - 5 ♯5
say the words I want to hear, while you're with an - oth - er man If you

25
B♭ F C7
6. ♯5 6 ♯6 6 5 4 1 2 3. 3 4 3 2 - 2 ♯2
want - me, an - swer "Yes" or "No" Dar - ling I will un - der stand put your

29
F B♭ F
3 1 1 1 2 3 4 4 4 5 6 5 - - 5 0 3 4
sweet lips - a lit - tle clos - er - to the phone - - Let's pre

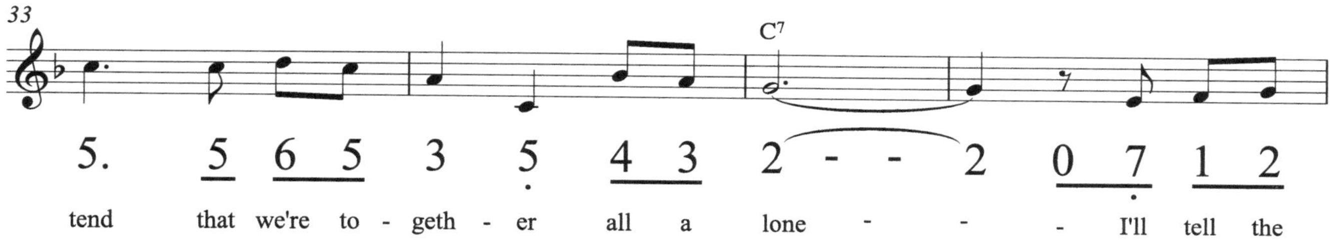
33
C7
5. 5 6 5 3 5 4 3 2 - - 2 0 7 1 2
tend that we're to - geth - er all a lone - - - I'll tell the

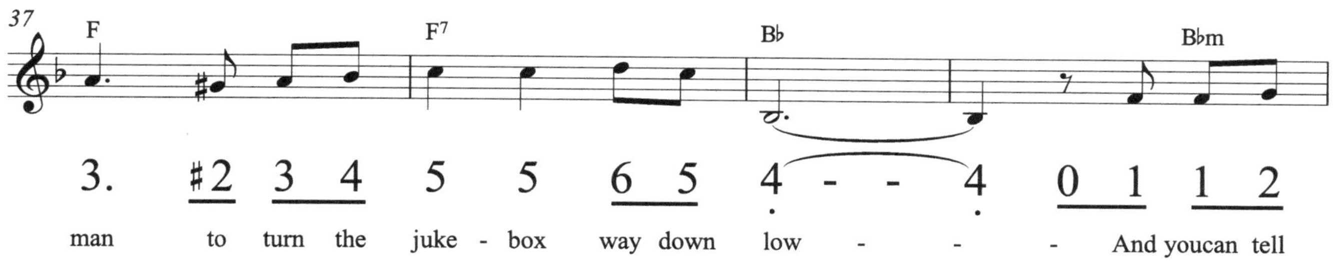
37
F F7 B♭ B♭m
3. ♯2 3 4 5 5 6 5 4 - - 4 0 1 1 2
man to turn the juke - box way down low - - - And youcan tell

41
F C7 F
3. 3 4 3 2 2 2 5 7 2 1 - - 1 - -
your friend, threr with you - HE'LL HAVE TO GO - -

오늘 밤은 나를 위해

Help Me Make It Through The Night

Kris Kristofferson

Slow Go Go
D D
0 - 1 3 4 3 2 3 5 - - - 0 - 3 3
Take the rib - bon from your hair shake it
Come and lay down by my side till the
5 G Em
4 3 3 2 1 - - - 0 - 2 3 4 3 2 1
loose and let it fall lay in' soft up - on my
ear - ly morn - in' light all I'm ask' - in is your
9 A7 1. A7 D
7 - - - 0 - 4 4 3 2 1 1 3 - - -
skin like the shad - ows on the wall
time
13 2. A7 D D
0 - 4 4 3 2 1 7 1 - - - 0 - 1 1
FINE
help me make it through the night I don't
17 G G
6 6 #6 7 1 - - - 0 - 7 1 2 1 1 1
care who's right or wrong I don't try to un - der
21 D D E7
1 5 - - 0 - 6 7 1 1 1 1 7 6 - -
stand - - - let the dev - il take to - mor - row
25 E7 A7
0 - 6 7 1 6 6 #4 5 - - - 5 - - -
D.S
Lord to - night I need a friend - -

036 하이 눈

High Noon

Ned Washington Demitry Tiomkin

Moderato
Do not for - sake me oh my darl - lin'
Oh this our wed - ding day
Do not for - sake me oh my dar - lin' wait
wait a- long - - - I do not know what fate a - wait me -
I on - ly know I must be brave - - - and I must
face a man who hates me - - - or lie a cow - ard
a cra - ven cow - ard or lie a cow - ard in my grave

037 헤이주드

Hey Jude

Beatles 노래

J. Lennon & P. Mecartney

Slowly
Hey Jude - don't make it bad take a sad song - and make it bet- ter - re-
mem-ber to let her - in to your heart then you can start - to make it - bet - ter - hey
jude - don't be a - fraid you were made to - go out and
jude - don/t let me down you have found her - now go and
get - her - - the min - ute you let her un - der your skin then you be - gin
get - her - - re - mem -ber to let her in - to your heart then you can start -
to make it - be - ter - - - and an - y - time - you feel the pain-
to make it - bet - ter - - - so let it out - and let it in
Hey Jude - re frain - don't car - ry the world - up - on - your shoul - ders
Hey Jude - be - gin - you'r wait - ing for some - one to - per form - with

22
F7
B♭
Gm7
for well you know that it's a fool - who plays - it cool - by mak - ing his world
and don't you know that it's - just you Hey Jude - you'll do - the move - ment you need
25
C7
F
F7
C7
a lit - tle - cold - er - da da da da - da da da da da
is on - your - shoul - der - da da da
29
F
C
hey hey - jude - don't make it bad take a
33
C7
C7sus4
C7
F
B♭
sad song - and make it bet - ter - - re - mem - ber to let her und - er - your
36
F
C7
F
skin then you'll begin - - to make it bet - ter ber - rer ber - rer ber - rer
39
E♭
B♭
ber - rer ber - rer oh da da da da da da da da da da da Hey
43
F
E♭
B♭
F
Jude da da da da da da da da da da da HEY JUDE

038

호텔 캘리포니아

Hotel California

Eagles 노래

D. Felder & D. Henley & Frey

16 Beat
On a dark des-ert hight-way cool wind in my hair Warm smell of co-il tas
ris-ingup through the air - up a- head-in the dis-tance I saw a shim mer ing light
My head grew heavy and my sight grew dim - I had to stop for the night welcome to the hot-tel ca-li for
nia such a love-ly place-such love-ly place - such a love-ly face -
plen-ty of room - at the ho-tel ca - li - for - nia - - - an - y

039 사랑의 찬가

Hymne A L'amour

Edith Piaf 노래
Marguerritte Angele Monnot

샹송
하 늘
이 무 너 져 버 리 고 땅 이 꺼 져 버 린 다 해 도 그 대
다 가 운 명 의 신 이 당 신 을 빼 아 간 다 해 도 그 대
가 날 사 랑 한 다 면 두 려 울 것 없 으 리 캄 캄 한 어 둠 에 싸 이
만 날 사 랑 한 다 면 영 원 에 라 도 가 리 그 러 다 가 운 명 의 신
며 세 상 이 뒤 바 뀐 다 해 도 그 대 가 날 사 랑 한 다 면 무 슨
이 당 신 을 빼 아 간 다 해 도 그 대 만 날 사 랑 한 다 면 영 원
상 관 이 있 - 으 리 오 그 대 가 원 한 다 면 이 세 상 끝 까 지 따 라
에 라 도 따 라 가 리 오
가 겠 어 요 하 늘 의 달 이 라 도 눈 부 신 해 라 도 따 다 바 치 겠 어 요 그 대
가 원 한 다 면 아 끼 던 나 의 것 모 두 버 리 겠 어 요 비 록 모 든 사 람 이 비
웃 는 다 해 도 오 직 당 신 만 을 따 르 겠 어 요 - 그 러 다
D.S

040

당신을 사랑하는 걸 멈출 수 없어요

I Can't Stop Loving You

Ray Charles 노래
D. Gibson

Slow Rock
I can't stop lov - ing you I've made up my mind
to live in mem - o - ry - - of old lone some time
I can't stop wait - ing you It's use - less to say
so I'll just live my life - - in dreams of - yes - ter - day dreams of yes - ter
day Those hap - py - hours that we - once knew
Though long a go still make me blue they say - that
time heals a bro - ken heart but time has stood still
since we've been a part - - I can't stop part
I can't stop
D.S
in dreams of - yes - ter day of yes - ter day

041

그를 어떻게 사랑해야 하나요

I Don't Know How To Love Him

Helen Reddy 노래
T. Rice & A. L. Webber

Slow
I don't know how to love him what to do how to move him I've been
changed yes real-ly changed in these past few days when-I've seen my self I
seem like some-one else ways He's just one more
should I bring him down - should I scream and shout - should I speak of love - let my feel-ings out -
I nev-er thought I'd come to this - what's it all a-bout - - -
Don't you think it's rath-er fun - ny I should be in this po - si - tion I'm the
one who's al-ways been so calm so cool no lov-er's fool run-ning ev - ry
show he scares me so so I want him so I love him so

042

날이 갈수록 당신을 사랑하는 내마음은 더해만 갑니다

I Love You More And More Every Day

Al Martino 노래
Don Robertson

Moderato
I LOVE YOU MORE AND MORE EVE -RY DAY - - They said our
날 이 갈 수 록 사 랑 해 요 - - 바 람 난
love was just e - mo - tion - - that time would slow - ly fade a -
것 은 아 니 예 요 - - - 나 의 짝 을 구 한 거
way - - - but times just deep - ened my de - vo - tion -
죠 - - - 진 정 목숨 보 다 귀 한 그 대 -
I love you more and more ev - ery day - - the day you
날 이 갈 수 록 사 랑 해 요 - - 그 이 가
made those ten - der vows be - side me - - my joy was more than
내 곁 에 - 있 을 때 면 - - 한 없 이 나 는
words could ev - er say - and dar - ling still it grows and grows in - side me
즐 - 거 워 요 - - 내 마 음 나 도 잘 - 모 르 지 만
I love you more and more ev - ery day - - the day you
1.
2.

043

당신의 결혼식에 갔었어요

I Went To Your Wedding

Patti Page 노래
Jessie Mae Robinson

Waltz
I Went to your wed - ding al thou I was dread - ing the
thought of los - ing you - - - the or - gan was
play - ing my poor heart kept say - ing your dreams your dreams are
thru - - - you came down the aisle wear - ing a
smile a vis - ion of love - li ness - - - I
ut - tered a sigh then whis - pered good - bye good bye to my
hap - pi ness - - your moth - er was cry - in' your
fath - er was cry - in' and I was cry - ing too - - the
tear drops were fall - ing be cause we were los - ing you

044 이해합니다

I Understand

G. Clifts 노래

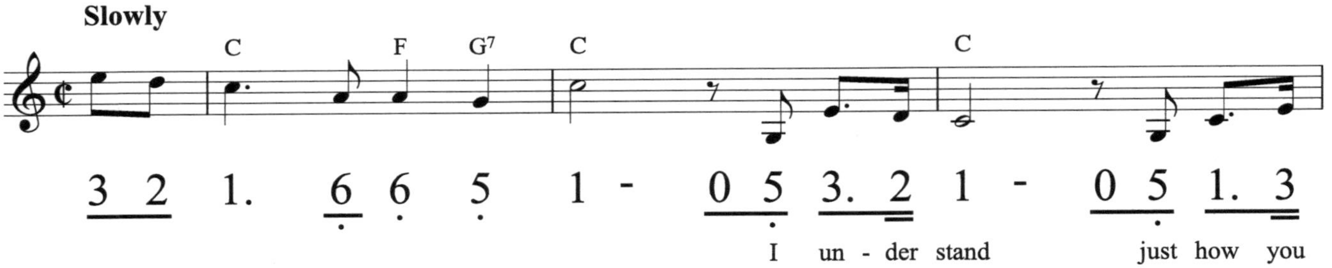
Slowly
C F G7 C C
3 2 1. 6 6 5 1 - 0 5 3. 2 1 - 0 5 1. 3
I un - der stand just how you

4
G7 C F C
2 - 0 5 2. 4 3 - 0 1 3. 5 4 - 0 4 5. 4 3 - 0 5 1. 3
feel you know from me why just feel me It's o - ver now but it was

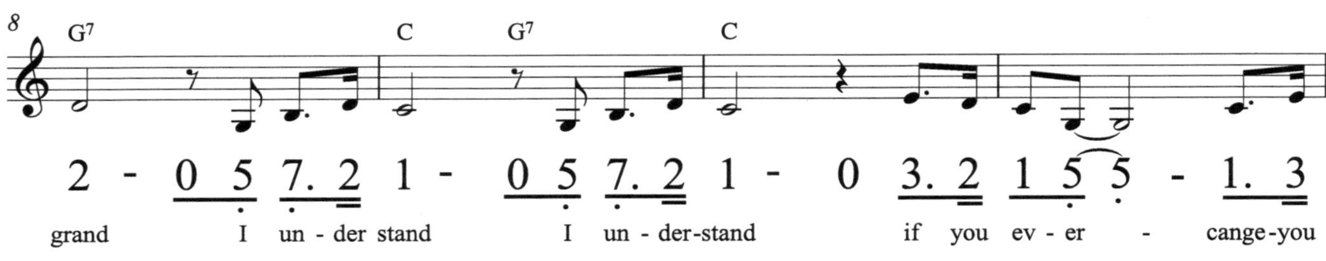
8
G7 C G7 C
2 - 0 5 7. 2 1 - 0 5 7. 2 1 - 0 3. 2 1 5 5 - 1. 3
grand I un - der stand I un - der-stand if you ev - er - cange-you

12
G7 C F C
2 - 0 5 2. 4 3 - 0 1 3. 5 4 - 0 4 5. 4 3 - 0 5 1. 3
minne come back to me and you will find we wai - ting there at your com

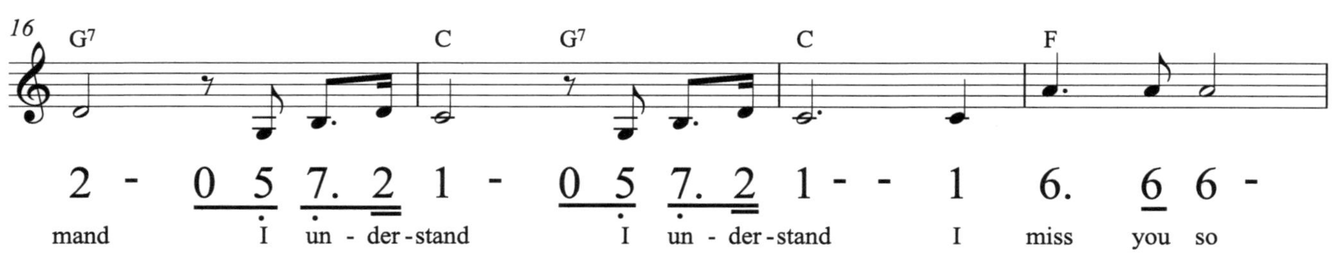
16
G7 C G7 C F
2 - 0 5 7. 2 1 - 0 5 7. 2 1 - - 1 6. 6 6 -
mand I un - der-stand I un - der-stand I miss you so

20

G7 C G7

0 7 1 2 1 7 6 5 6 5 - 5 - - 3 2. 2 2 -

please be - lieve me when I Told - you - - I just can't stan

24
C G7 C
2 3 5 4 2 1 - - 3 2 - - 3. 2 2 5 5 - 1. 3
to see - you go you know if you ev - er - change you

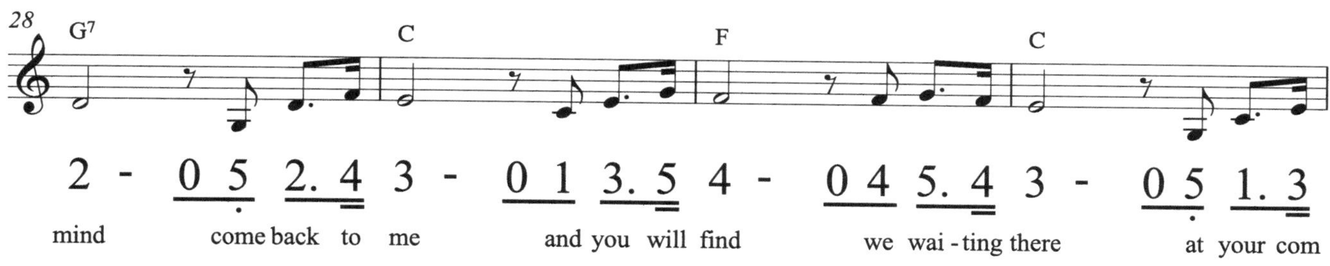
28
G7 C F C
2 - 0 5 2. 4 3 - 0 1 3. 5 4 - 0 4 5. 4 3 - 0 5 1. 3
mind come back to me and you will find we wai - ting there at your com

32
G7 C G7 C
2 - 0 5 7. 2 1 - 0 5 7. 2 1 - - 6 5. 3 3 1
mand I un - der stand I un - der - stand

36
G7 C F C
2. 1 2 6 5. 3 3 5 6 - 0 6 5. 3 3 1

40
G7 C F G7 C
2. 1 2 3. 2 1. 6 6 5 1 - 0 5 3. 2 1 - - -
I un - der - stand

045 아이오유
I. O. U

Carry & Ron 노래

Andante

C/E F G7 C C/E F G7 C
you be -

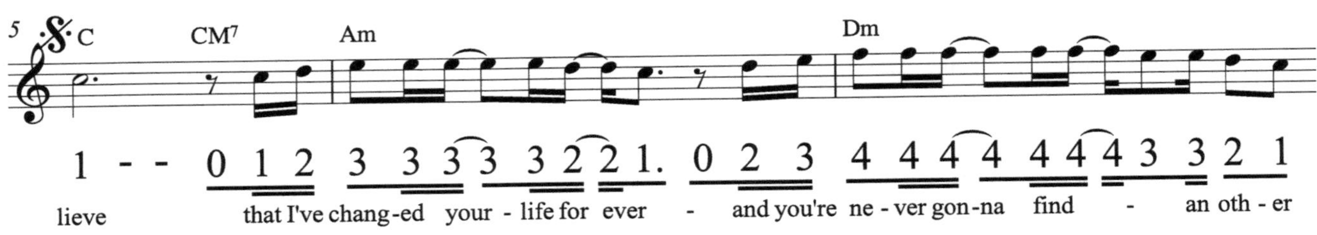
5
C CM7 Am Dm
lieve that I've chang-ed your - life for ever - and you're ne - ver gon-na find - an oth - er

8
G7 C C CM7/B Am
some-bo - dy like me - and you wish you had more than just a life time to

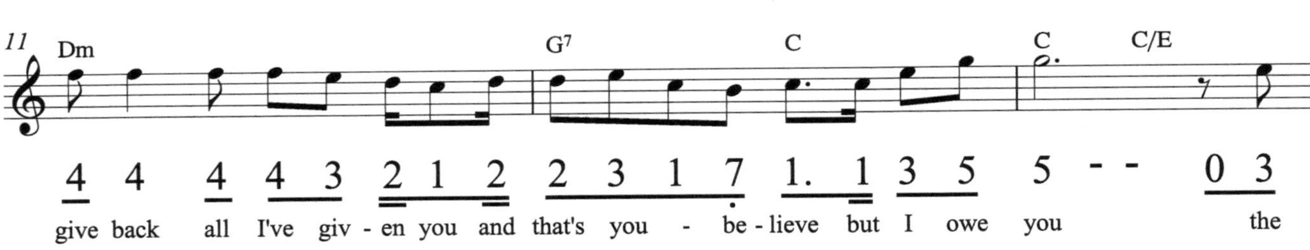
11
Dm G7 C C C/E
give back all I've giv - en you and that's you - be - lieve but I owe you the

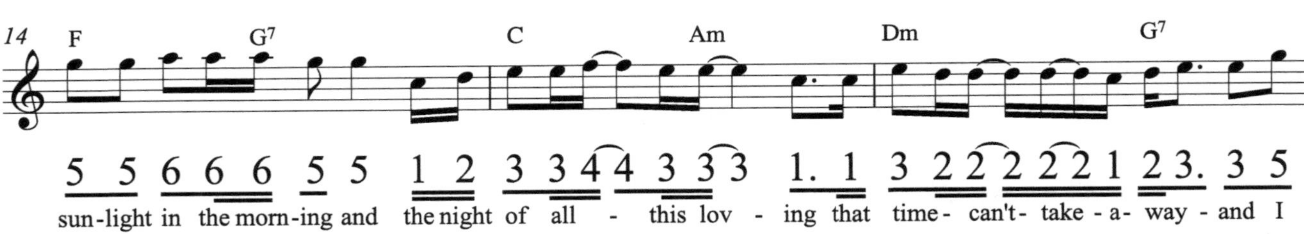
14
F G7 C Am Dm G7
sun-light in the morn-ing and the night of all - this lov - ing that time - can't - take - a - way - and I

17
C F G7 C Am
5 - - 0 3 4 5 5 6 6 6 5. 0 1 3 3 4 4 4 3 3 3 2 1. 5
owe you more than life now more than ev - er I know that it's - the sweet - est debt - I'll

20
Dm G7 C C/E F G7 C
2 2. 1 7 1 1 7 1 7 5. 5 5 4 3 4. 1 3 5 1 1 7
D.S
ev - er have to pay - - - - - - - - - I'm a

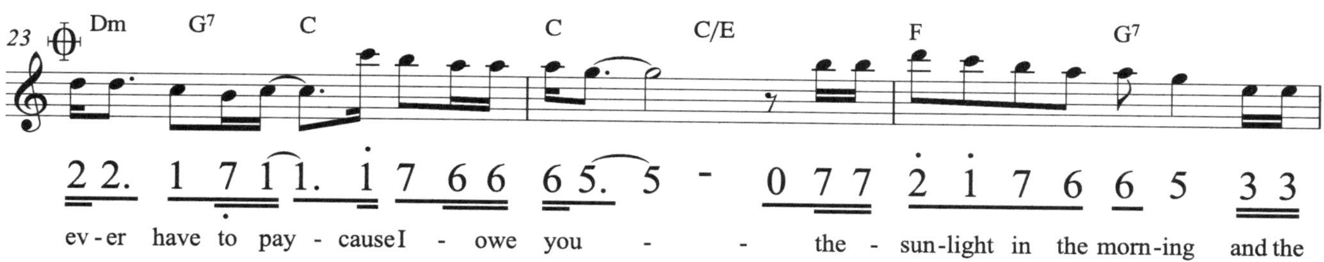
23
Dm G7 C C C/E F G7
2 2. 1 7 1 1. 1 7 6 6 6 5. 5 - 0 7 7 2 1 7 6 6 5 3 3
ev - er have to pay - cause I - owe you - - the - sun - light in the morn - ing and the

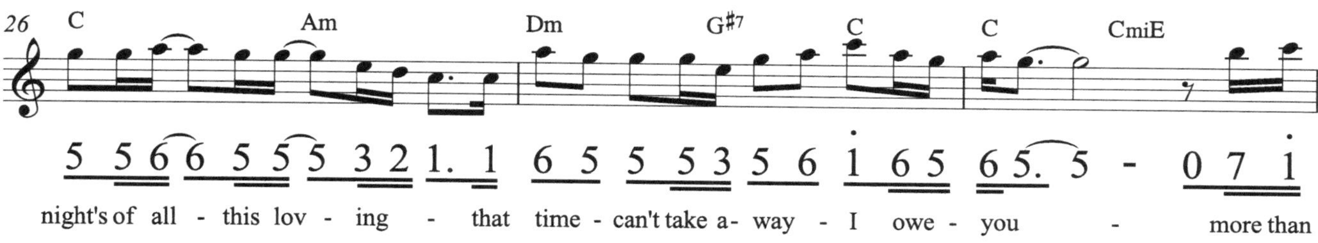
26
C Am Dm G#7 C C CmiE
5 5 6 6 5 5 5 3 2 1. 1 6 5 5 5 3 5 6 1 6 5 6 5. 5 - 0 7 1
night's of all - this lov - ing - that time - can't take a - way - I owe - you - more than

29
F G7 C Am Dm G7
2 1 7 6 6 5. 5 5 6 5 5. 5 3 2 1 1 3 2. 2 - 3 2 3
life now more than ev - er I know that it's the sweet - est debt - I'll ev - er - have - to

32
C C/E F G7 C
3 2 1 1 - - 5 4 3 4 4 1 - - 0
pay -

046 당신이 날 사랑했으면 좋겠어요

I'd Love You To Want Me

Lobo 노래

Moderately Bright
When I saw you stand-in' there I 'bout fell out' - my chair
and when you moved your mouth - to speak I felt the blood go to my - feet
now it took time - for me to know - - what you tried so - not to show - - some-thin' in my soul - just cries I feel the - want in your blue eyes - - - Ba - by
you told your - self years - a - go you'd ne - ver let your feel - ing - show the ob - li - ga - tion - you for the ti - tle that they gave
I'd love you to want me the way that I want you the way that it should be Ba - by
you'd love me to want you the way that I want to if you'd on - ly let it be - - on - ly let it be -

이프

If

Bread 노래
D. Gates

Moderato

G9 GM9 G9 C9/G

If a picture paints a thousand words - then why - can't I - paint - you? the words
man could be two plac - es at - one time - I'd be - with - you to- mor

5 Cm9/G G Cm D7

will - nev - er show - the you - I've come - to know - If a
row and - to - day - - be- side - you all - the way - - If the

9 G9 GM9 G9 C9/G

face could launch a thou - sand ships - then where am I - to go? - there's no
world should stop re- volv - ing spining - slow - ly down - to die - I'd spend

13 Cm9/G G Cm6 1. D7

one home - but you - you're all - that's left - me - to - - and when
the end - with you - and when - the world - was - through - -

17 𝄋 Em Em/D♯ Em/D C6

my love - for lift - is rum - ning - day - - you
one - by - one - - the stars - would all - go - out - - then

21 Bm7-5 E7 𝄌 Am7 D7

come and pour - your - self on - me - - If a
you and I - - would

25 2. D7 D.S

then

𝄌 Am7 D7sus4 D7 G

simp - ly fly a - way -

048

지금 아니면 안돼

It's Now or Never

Elvis Presley 노래
A. Schroeder & W. Gold

4 Beat
It's now or nev - er - - - come hold me tight
Kiss me, my dar - ling - - - be mine to night
To mor - row - - will be too late
It's now or nev - er - - - my love won't wait
When I first - my love won't wait
Fine
saw you - - with your smile so ten - der my heart was
cap - tured - - my soul sur - ren - dered - - I've spent a
life time - - wait - ing for the right time Now that you're
near the time is here at last
D.S

049 잠발라야

Jambalaya

Fats Domino 노래
H. Williams

Go Go
Good bye
Joe me gotta go me oh my oh me got - ta go pole the
Daux fon-tain - eaux the place is buz - zin' kin- folk - come to see yvon
pi - rogue down the bay - ou my yvon - ne the sweet - est one me oh
ne - by the do - zen dress in style and go hog wild me oh
my oh son of a gun we'll have big fun on the bay - ou
my oh
Jam - ba - laya and a craw - fish pie and fil - let gum - bo cause to
night I'm gon - na see my ma-che - ra - mi - o pick gui - tar fill fruit -
jar and be gay - o son of a gun we'll have big fun on the
bay - ou thi - bo bay - ou jam - ba bay - ou
D.S

050 장고 Jango

051 자니기타

Johnny Guitar

Peggy Lee 노래

Slow Rock
Play the gui - tar play it a - gain my John - ny - - May-be you're
cold but you're - warm in side - - - - - I was
al - ways a fool for my John - ny - - - for the
one they call - - John-ny Gui - tar - - - - play it a
gain John-ny Gui - tar what if you go what if you stay I
love you - - what if you're cruel you can be kind I
know - - - there - was never a man like my
John - ny - - like the one they call - John-ny Gui - tar

052

뜨거운 키스

Kiss Of Fire

Lester Allen & Robert Hill

Tango
I touch your lips and all at once the sparks go fly-ing those dev-il lips that know so well the art of
ly ing and tho' I see the dan-ger still the flame grows high-er I know I must sur-ren-der to your kiss of
fire - just like a torch you set the soul with-in me burn-ing I must go on a-long this road of no re-
turn-ing and tho' in burns me said it turns me in-to ash-es my whole world crash-es with-out your kiss of
fire I can't re-sist you what good is there in try-ing what good is there de-ny-ing you're all that I de-
sire - since first I kissed you my heart was yours com plete-ly if I'm a slave then it's a siave I wantto
be - don't pi-ty me - don't pi-ty me - - give me your lips the lips you on-ly let me
bor-row love me to-night and let the dev-il take to-mor-row I know that
I must have your kiss al-though it dooms me tho' it con-sumes me your kiss of fire

053

라밤바

La Bamba

Richie Valens 노래

8 Beat
pa-ra bai-lar - la bam - ba
pa-ra bai lar - la bam - ba se-ne-ce - si
ta un po-ca do gra-cia
un - a po-ca de gra-cia para mi para ti
y ar-ri-ba-y ar - ba
ar-ri - ba ar - ri ba por-ti se re
por ti se re se re
yo no soy mar-i ne-ro
yo no soy mar-i
ne-ro soy cap - i tan - yo no soy mar-i
ne-ro soy cap - i tan - -
bam ba - bam - ba
bam ba - bam - ba
bam ba - ba
bam ba - bam - pa-ra bai-lar - la bam
D.S
bam ba - bam - ba
F.O

054

라 메르

La Mer

Charles Trenet 노래
Charles Trenet & Albert Lasry

Moderato
La mer - qu'on voit dan - ser le
long des-gol-fea clairs - a des re - flets d'ar-gent la mer - des re-flets chan
geants sous la plui e la mer - - au ciel d'e - te con -
fond sea blancs mou - tons - a - vec les anges si purs la mer - ber - ge - re - d'a -
zur in - fi - ni - e voy - ez - - pres des e - tangs ces
grands ro-seaux mouil - les - voy - ez - ces oi-seaux blancs et ces mai-sons rouil
lees - - la mer - - les a ber - ces le long des gol-fes
clairs - et d'une chan - son d'a mour la mer - a ber ce mon coeur pour la
vi e la vi e

055

내 곁에 있어 주오

Let It Be Me

Glenn Campbell 노래

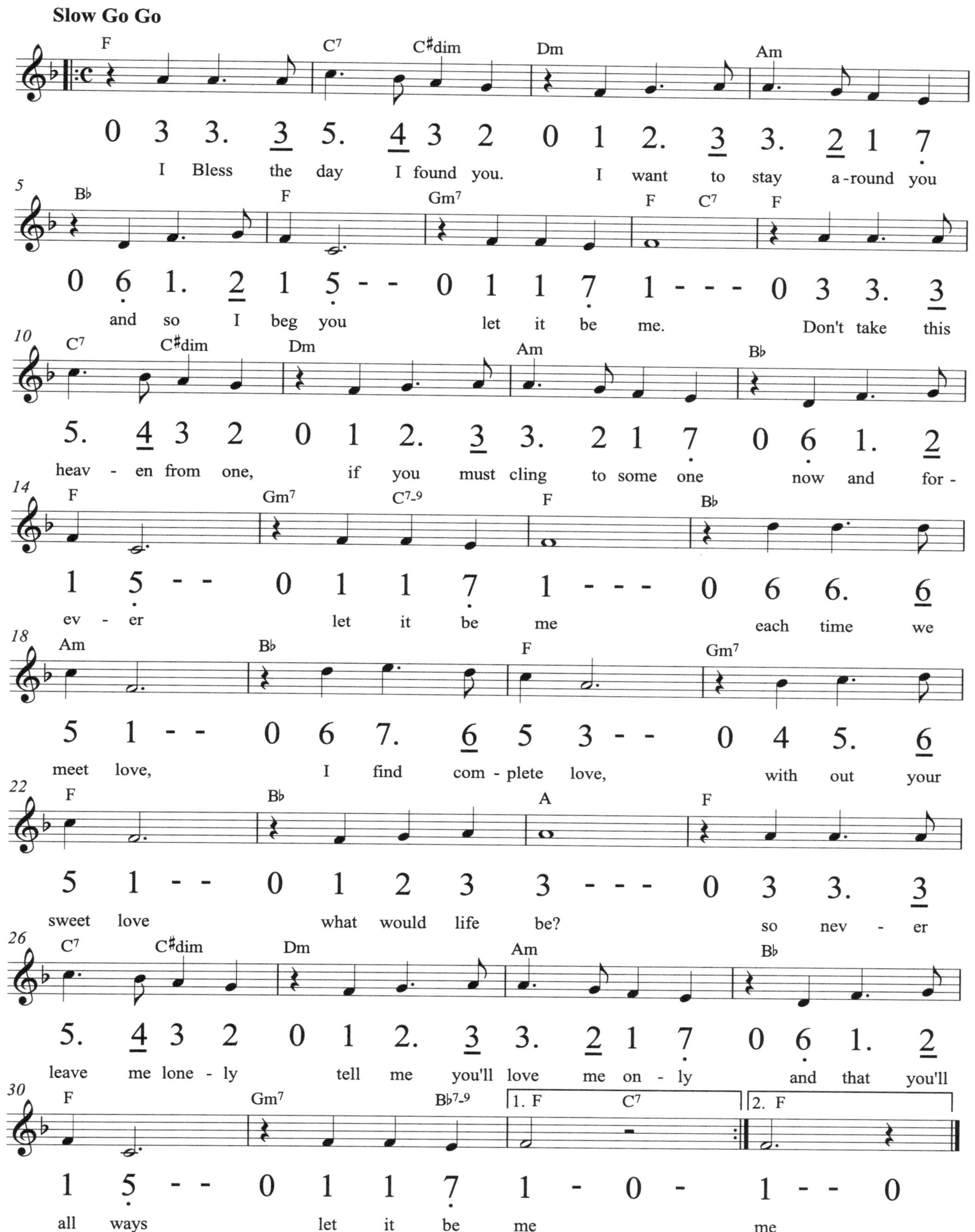

Slow Go Go
F C7 C♯dim Dm Am
0 3 3. 3 5. 4 3 2 0 1 2. 3 3. 2 1 7
I Bless the day I found you. I want to stay a-round you
5
B♭ F Gm7 F C7 F
0 6 1. 2 1 5 - - 0 1 1 7 1 - - - 0 3 3. 3
and so I beg you let it be me. Don't take this
10
C7 C♯dim Dm Am B♭
5. 4 3 2 0 1 2. 3 3. 2 1 7 0 6 1. 2
heav - en from one, if you must cling to some one now and for -
14
F Gm7 C7-9 F B♭
1 5 - - 0 1 1 7 1 - - - 0 6 6. 6
ev - er let it be me each time we
18
Am B♭ F Gm7
5 1 - - 0 6 7. 6 5 3 - - 0 4 5. 6
meet love, I find com - plete love, with out your
22
F B♭ A F
5 1 - - 0 1 2 3 3 - - - 0 3 3. 3
sweet love what would life be? so nev - er
26
C7 C♯dim Dm Am B♭
5. 4 3 2 0 1 2. 3 3. 2 1 7 0 6 1. 2
leave me lone - ly tell me you'll love me on - ly and that you'll
30
F Gm7 B♭7-9 1. F C7 2. F
1 5 - - 0 1 1 7 1 - 0 - 1 - - 0
all ways let it be me me

056

라노비아

La Novia

Tony Dallara 노래
F. Jorge & J. Prieto

Slow Rock
Bian che spien den - te va la no - via - - men tre na
사 랑 은 눈 물 이 었 어 요 - - 사 랑 은
scosto tra - la fol - la - - Die tro Una la cri-ma-inde
슬 픔 이 었 어 요 - - 내 사 랑 떠 나 는 날
ci sa - - Ve - do mo - rir le mie ill sio - ni
까 지 - - 내 마 음 돌 아 설 때 까 지 -
La su leal ta le sta pian gen do - - Tut ti di
내 사 랑 잊 을 - 수 없 어 - - - 내 마 음
ran no che di gio ia - - Men treil suo cuore sta gri
변 할 - 수 없 어 - - 내 사 랑 떠 나 는 날
dan do - - - A - ve - Ma - ri - - a -
까 지 - - - 아 베 마 리 - - 아

32
G G C C
Men ti rai per che tu di rai dis si
내 사 랑 그 대 에 게 행 복 을
37
G G C C Am
pre - ghe rai per me ma di rai dis si I o
누 리 게 해 주 옵 소 서 언 젠 가 는
42
Am A E7 A7 D7
tu - non puoi dimen - ti ca - - re Non sof - frir
나 의 품 안 - 에 돌 아 오 겠 - 지
46
Bdim E Am G C C
per me a - ni ma mi - - a - - - - La su leal
나 에게 돌 아 오 겠 - - 지 - - - - 사 랑 은
51
F C C F F
ta le sta pan gen do - - - Tu ti di ran no che di
눈 물 이 었 어 요 - - - 사 랑 은 슬 픔 이 었
56
C C C G7 C
gio ia - - - - Men tre il suo cuore sta gti dan do
어 요 - - - - 내 사 랑 눈 물 - 의 사 랑
61
C C C G7 C C
A ve Ma ri - - a - -
아 베 마 리 - - 아 - -

057 라팔로마

La Paloma

S. Yradier

하바네라리듬

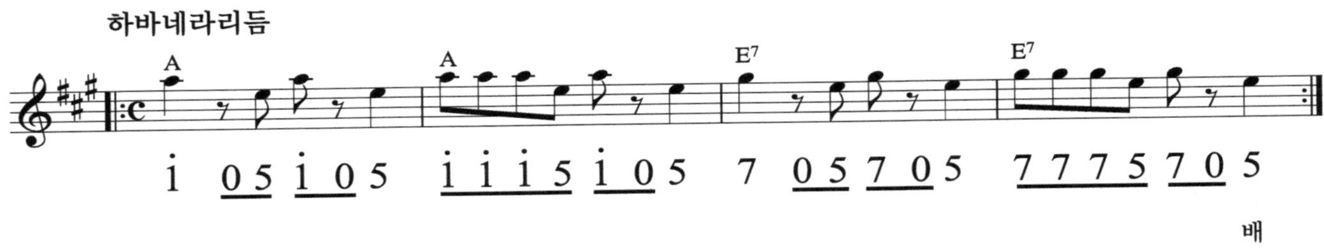
배

를 타 고 하 - 바 나 를 떠 날 때 - - 나
랑 하 는 친 구 어 디 를 갔 느 냐 - - 바

의 마 음 슬 퍼 눈 - 물 이 흘 렀 네 - - 사
다 넘 어 저 편 멀 - 고 먼 나 라

로 - - - 천 사 와 같 은 비 둘 기 오 는 - 편 에 -
외 로 운 때 면 너 의 창 에 서 - 서

전 하 여 주 게 그 리 운 나 의 마 - 음 - 을
예 쁜 나 의 마 음 전 해

24 A | 2.A | A | A

3 - - - 5 6 5 4 3 3 - - 0 #4 5 5 5 6 #4 56 5 - - -

주 - 게 - - 아 - 내 사 랑 아

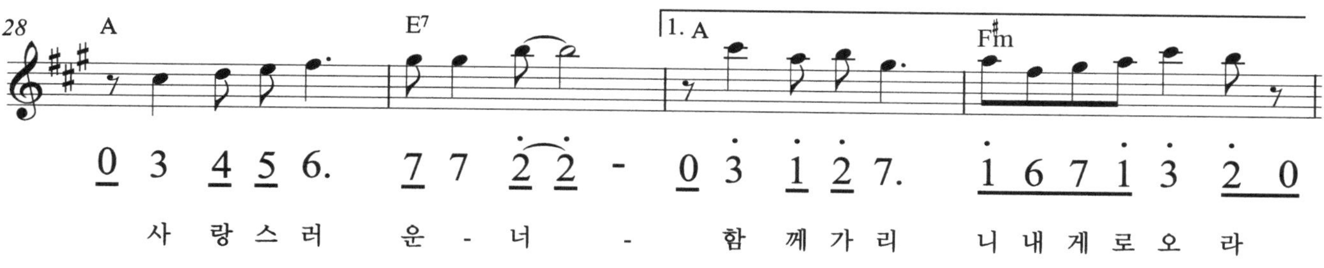

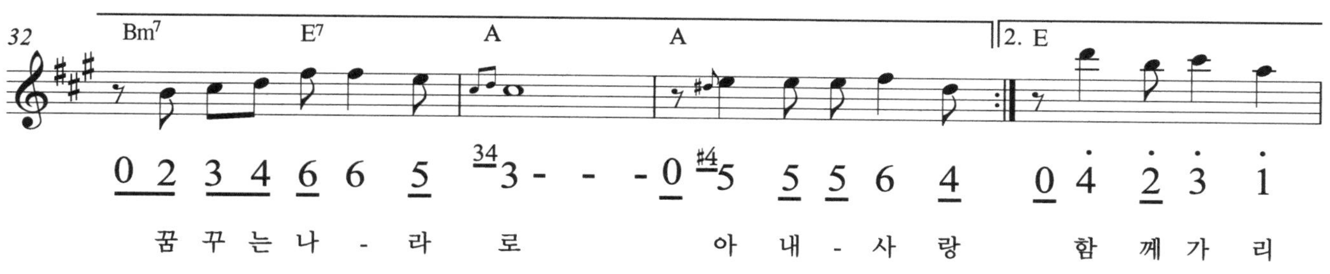

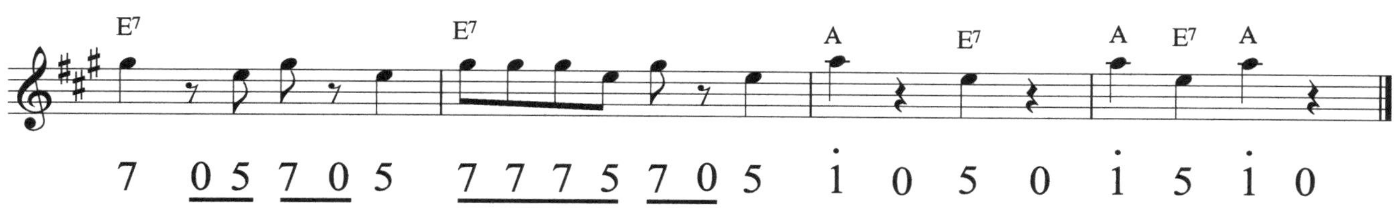

058

사랑은 이유가 없어요

L'amour C'est Pour Rien

P. R. Blanc, F. Macias

Tango
Am Dm Dm
C E7 Am
F7 E7 Am Am
잿 더 미 속 에
Dm Fm G7 C C7
서 - - - - - 피 어 난 장 - 미
F E7 E7
기 나 긴 세 월 을 - - - - - 참 고 견 - 디
Am A7 D7 Fm
며 - - - - - - - - - 다 시 는 - 눈 물 을

흘 리 지 - 말 자 고 - - - - - 다 짐 한
마 음 - - - - - 생 명 의 불 - 꽃
참 사 랑 이 란 - - - - - 괴 로 운 시
련 - - - - - 참 사 랑 이 란
찬 란 한 기 - 쁨 - - - 잿 더 미 속 에 - 참 사 랑 이
란 - - - - - 찬 란 한 기 쁨

059 렛잇비

Let It Be

Beatles 노래
John Lennon, Paul McCartney

Slow Tempo

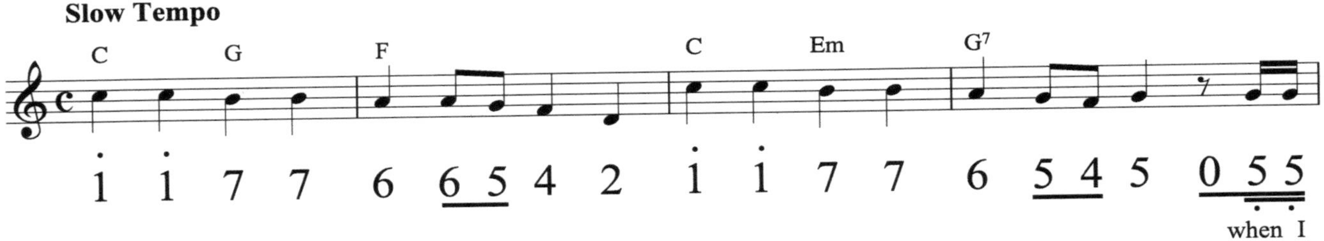
C G F C Em G7
when I

C G Am G FM7 F6 C G
find my self - in times of trou-ble moth-er ma - ry comes to me - speak-ing words of wis - dom Let it
the bro - ken heart-ed peo-ple liv-ing in - the world a- gree - there will be an an - swer Let it

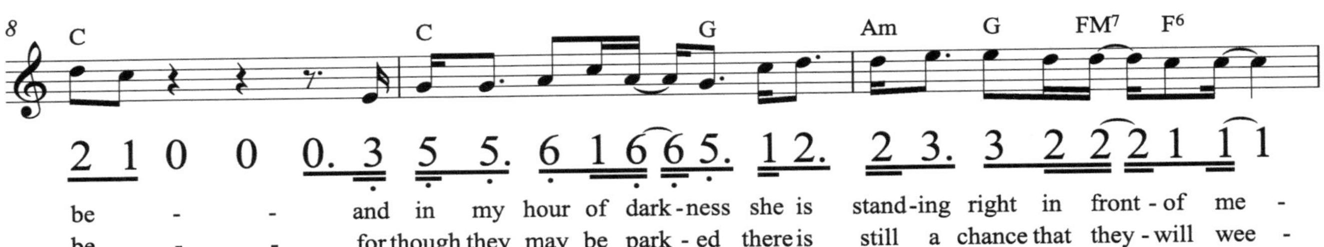
C C G Am G FM7 F6
be - - and in my hour of dark-ness she is stand-ing right in front - of me -
be - - for though they may be park - ed there is still a chance that they - will wee -

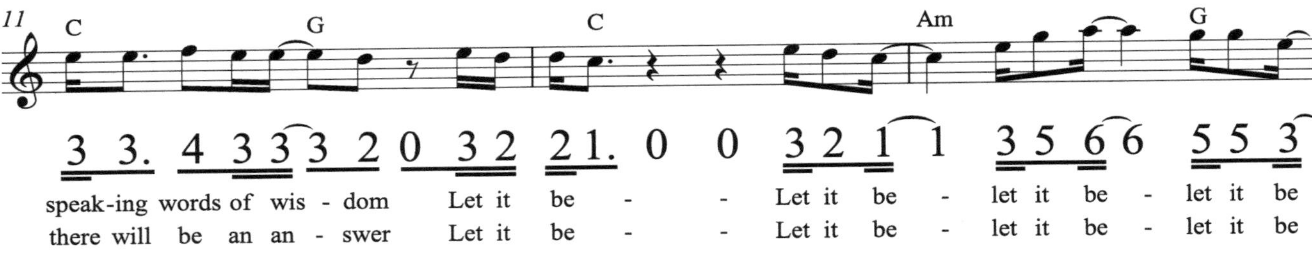
C G C Am G
speak-ing words of wis - dom Let it be - - Let it be - let it be - let it be
there will be an an - swer Let it be - - Let it be - let it be - let it be

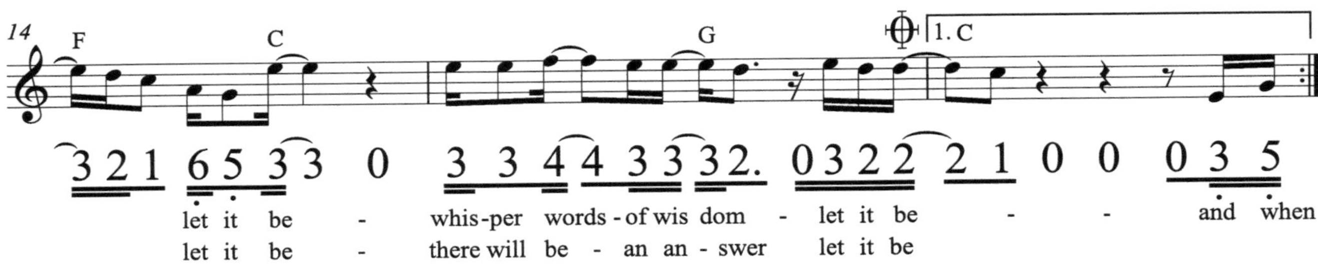
F C G 1. C
let it be - whis-per words - of wis dom - let it be - - and when
let it be - there will be - an an - swer let it be

2. C Am G F C
let it be - let it be - let it be - let it be -

G C
whis-per words-of wis-dom let it be - - let it be - let it be let it be
F C G C
let it be - there will be an an-swer let it be -
Am G G C
C C C G
C F C G
C Em Am
Let it be - let it be let it be let it be -
C C
D.S
there will be - an an-swer let it be - - and when - - let it be
Am G C C
let it be - let it be - let it be - whis-per words-of wis-dom let it
F G
be

060 우울한 사랑

Love Is Blue

Andre Popp

061 사랑은 아름다워라

P. F. Webster & S. Fain

Love is many splendored thing

Moderato
C Am Em F
Love - is a man - y splaen dored thing - It's the A - prill rose that
6 FMaj7 Dm6 Am Dm7 Dm7
on - lygrows - in the ear - ly spring - Love is na - ture's way of giv - ing - a
11 Dm6 G69 Am B7 E G7
rea - son - to be liv - ing - the gold - en crown that makes a man a king
16 C Am Em F F6
once - on a high and wind - y hill - - in the morn - ing mist two
21 FMaj6 Em7 A7 Dm Dm7/C
lov - ers kissed - and the world stood still, - - then your fin - gers touched my
25 Bm7-5 E7 A7 D7 Fm6 C Am
si - lent heart and taught it how to sing yes, true
29 1. Dm7 G7 C 2. Dm7 G7 C
a man - y splen - dored thing - - a man - y splen - dored thing -

062 러브미텐더
Love me tender

Elvis Presley, V. Matson

Moderately Slow

G E7 A7 D7 G D7
3 3 4 3 2 6 2 - 1 7 6 7 1 - 6 5

5
G A7 D7sus4 D7 G
5 1 7 1 2 6 2 - 1 7 6 7 1 - 5 4
Love me ten - der, love me sweet Nev - er let me go - -
Love me ten - der love me long Take me to your heart
Love me ten - der love me dear tell me you are mine

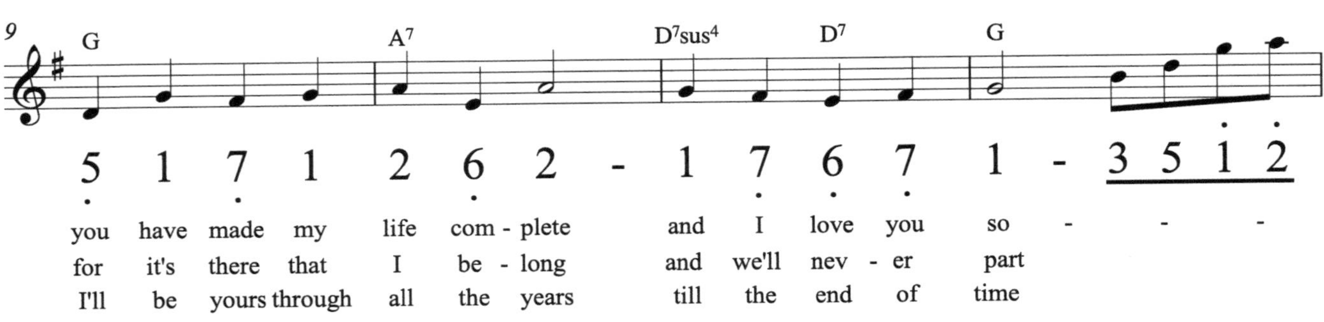
9
G A7 D7sus4 D7 G
5 1 7 1 2 6 2 - 1 7 6 7 1 - 3 5 1 2
you have made my life com - plete and I love you so - - -
for it's there that I be - long and we'll nev - er part
I'll be yours through all the years till the end of time

13
G B7 Em G7 C Cm G G Dm6 Em7 E7
3 3 3 3. 3 3 3 - 3 2 1 2 3 5 7 6 5 3 3 4 3
love me ten-der love me true all my dreams full - fill - - for my dar - lin'.

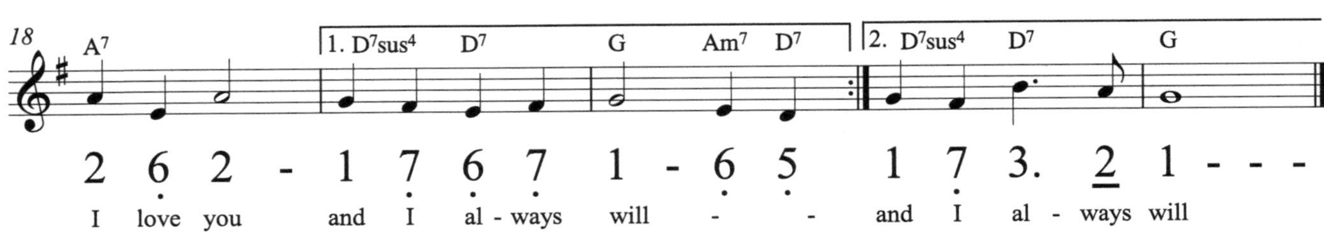
18
A7 1. D7sus4 D7 G Am7 D7 2. D7sus4 D7 G
2 6 2 - 1 7 6 7 1 - 6 5 1 7 3. 2 1 - - -
I love you and I al - ways will - - and I al - ways will

063 러브스토리

Love Story

Andy Williams 노래
F. Lai & C. Sigman

Slow
Am E7
Where do I be-gin to tell the sto - ry of how great a love can be the sweet love sto-ry that is
With her first hel-lo she gave a mean-ing to this emp-ty world of mine there'd nev - er be an-oth-er
Am Am/G FM7 E7 1.
old - er than the sea the sim-ple truth a-bout the love she brings to me where do I
love an - oth - er time she came in - to my life and made the liv-ing fine
Am 2. E7 AM7 A7 Dm7
start she fills my heart she fills my heart - with ver - y
G7 CM7 FM7 E7sus4-9 E7-9
spe-cial things - with an-gel songs - with wild im - ag - in- ings - she fills my soul - with so much
Am Dm7 G7 CM7
love that an - y-where I go - I'm nev-er lone - ly - with her a - long - who could be
FM7 B7 EM7 E7 Am
lone - ly - I reach for her hand - it's al-ways there and she'll be there
D.S
Am E7
how long does it last can love be meas-ured by the hours in a day I have no an-sweres now but
Am Am/G FM7 E7 Am
this much I can say I know I'll need her till the stars all burn a-way and she'll be there

John Lennon

Moderato

Love is real - - real is love - - love is feel-ing - feel-ing love - - love is want-ing - to be loved
Love is touch - - touch is love - - love is reach-ing - reach-ing love - - love is ask-ing - to be love

love is you - - - you and - me - - love is know-ing - - we can be - - love is free - - free is

love is liv - ing - - liv-ing love

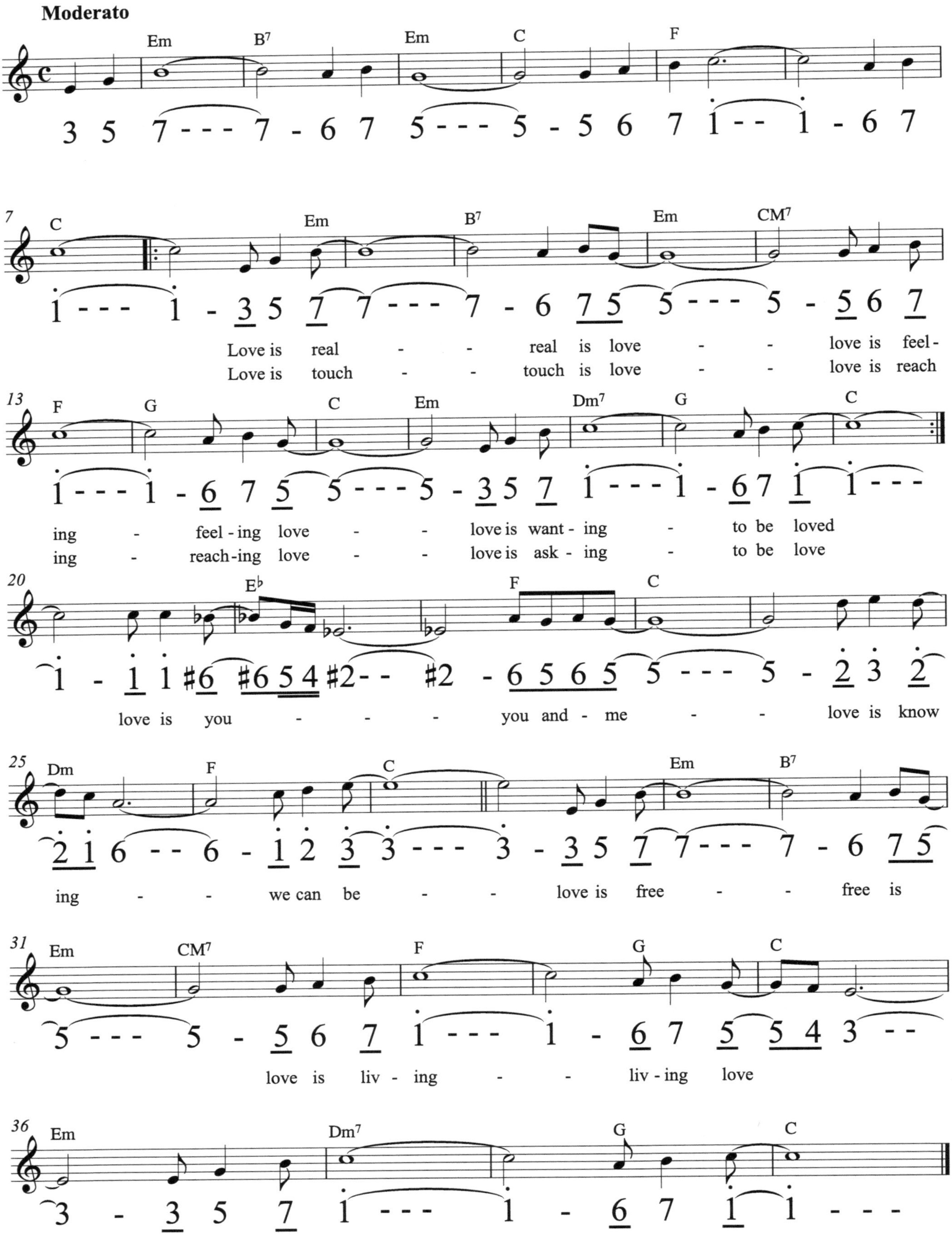

065

모베터블루스

Mo' Better Blues

빌 리, 테런스 블랜처드

066

러빙유

Loving You

W. Afanasieff & K. Gorelick

D.S

067 앵무새 우는 언덕

Mockin' Bird Hill

Vaughn Horton

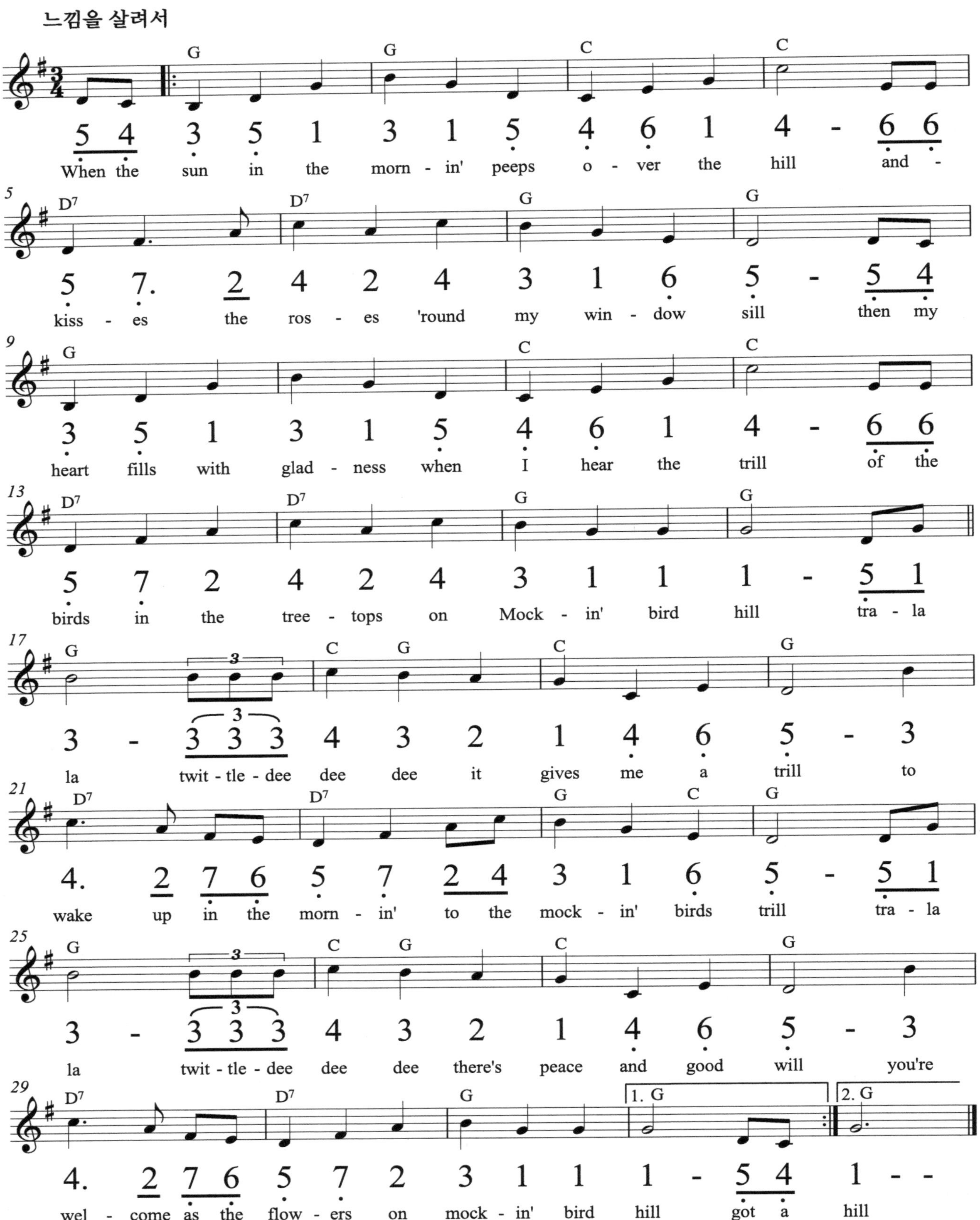
느낌을 살려서
When the sun in the morn - in' peeps o - ver the hill and -
kiss - es the ros - es 'round my win - dow sill then my
heart fills with glad - ness when I hear the trill of the
birds in the tree - tops on Mock - in' bird hill tra - la
la twit - tle - dee dee dee it gives me a trill to
wake up in the morn - in' to the mock - in' birds trill tra - la
la twit - tle - dee dee dee there's peace and good will you're
wel - come as the flow - ers on mock - in' bird hill got a hill

068

말로 다할 수 없는 사랑

More Than I Can Say

Leo Sayer 노래
S. Curtis & Alison

Go Go
C
Am
Oh - Oh - yea - yea - - I love you more than I - can say
yea - - I miss you eve -ry sing -le day
Em
Dm
G7sus4
C
I'll love uoy twice as much to mor row - oh - love you more than I - can say
why must my life be filled with sor - row - oh -
1.Am
2. C
F
oh - oh - oh - Don't you know I need you so? - - tell me please I got - ta
C
D7
know - - do you mean to make me cry - - - Am I just an - oth - er
G
F/G
Em/G
F/G
C
guy - - oh - oh - yea - yea - - I love you more than I - can
Am
Em
Dm
G7
say - - I'll iove you twice as much to mor row - oh - love you more than I - can
C
Dm
G7sus4
C
Dm
G7sus4 C
say I love you more than I - can say I love you more than I - can say

069 내 마음은 변하지 않아

My Heart Will Go On

C. Dion 노래

Slowly
Every night in my dreams I see you I feel you that is how I know you go on
near far wher - e - ver you are I be - lieve that the heart does go on - -
once more you o - pen the door and you're here in my heart and my heart will go on and - on
love can touch us one time and last for a life time and ne-ver let go till we're one
love was when I loved you one true time I hold to in my life we'll al-ways go on
D.S
you'r have there's
no - thing I fear and I know that my heart will go on - - we'll stay for -
e - ver this way you are safe in my heart and my heart will go on and - on

070 마이홈타운

My Home Town

Paul Anka

CALYPSO

I took a lit-tle trip to my home town - I on-ly stopped just to look a - round
and as I walked a-long the thor-ough- fare - there was mu-sic play-ing ev - ry where
the mu-sic came from with in my hesrt - how did it hap-pen how did it start
I on-ly know that I fell in love - I guess the ans-wer lies up a - bove - oh what a
feel - ing my heart was reel - ing the bells were ring - ing
the birds were sing - ing and so the mu-sic goes - on and on
and through the night un - til the break of dawn - I hear a bird up - in a tree
D.S
I hear him sing this - mel-o - dy - - oh what a mel-o - dy
ya ya ya ya ya ya ya ya ya - ya ya ya ya ya ya ya ya ya ya
F.O

071 나의 사랑스러운 여인

My Sweet Lady

John Denver 노래

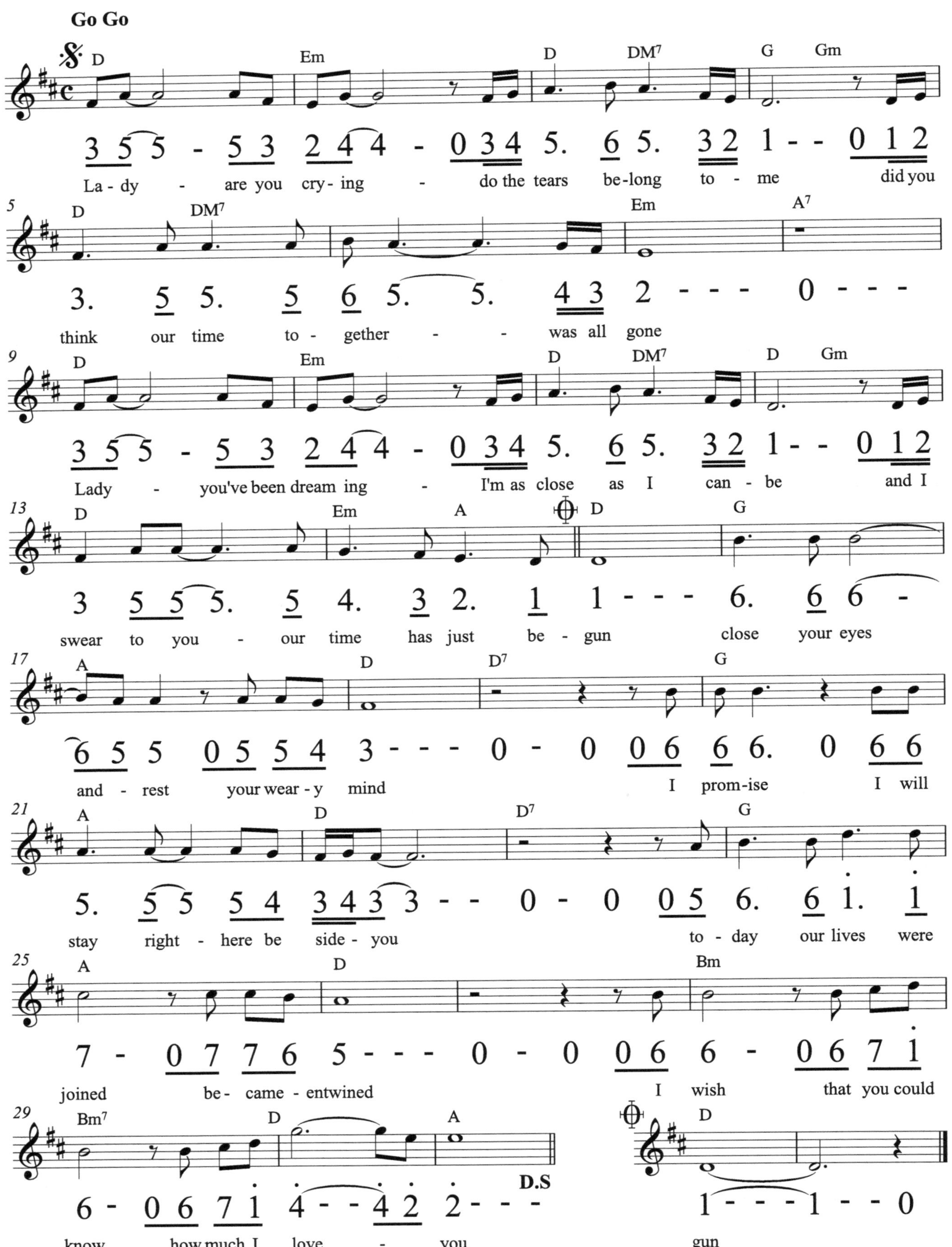

Go Go
La - dy - are you cry - ing - do the tears be-long to - me did you
think our time to - gether - - was all gone
Lady - you've been dream ing - I'm as close as I can - be and I
swear to you - our time has just be - gun close your eyes
and - rest your wear - y mind I prom-ise I will
stay right - here be side - you to - day our lives were
joined be- came - entwined I wish that you could
know how much I love - you
D.S
gun

072
마이웨이

My Way

Frank Sinatra 노래

Moderately Slow

C CMaj7 C7 A7

5 3 - 05 32 3 - 05 32 3 - 02 32 2 #1 - 06

And now the end is near and so I face the fi - nal cur tain my

greats I've had a few but then a - gain too few to men - tain I

5 Dm Dm7 G7 C

4 - 06 43 4 - 06 43 4 - 05 22 4 3 - 0#4

friend I'll say it clear I'll state my case of which I'm cer - tain I've

did what I had to do and so it thru with out ex - emp - tain I

9 C CMaj7 C7 F Dm6

5 - 0#4 56 5 - 06 35 4 - 04 43 5 4 - 04

lived a life that's full I trav-eled each and ev - ry high way and

planned each chart-ered course each care-full step a long the by way

13 C G7 F 1.C

3 - 05 43 2 - 712 (3) 2 - - - 1 - - 05

more much more than this I did it my way Re

17 2.C C CMaj7 C7 F

1 - 345 (3) 5 - 565#4 5 - 5#456 6 - 5565

way yes there were times - I'm sure you knew - when I bit off - more than I could

way for what is a man - what has he got - if not him - self - then he has

21 Dm7 G7 Em7

6 - 6671 1 - 1616 7 - 7712 2 - 2372

chew - but thru it doubt - I ate it up - and spit it out - I faced it

not - to say the feels - and not the words - of one who kneels - the re - cord

25 Am7 Dm7 G7 F C C

1 - 1671 1 - 1616 7 - 7712 2 - - - 1 - - 05 D.S 1 - - -

all - and I stood tall - and did it tall - and did it my way I've way

shows - I took the blows - and did it blowws - and did it my way

073

넬라 판타지아

Nella Fantasia

Mission 주제곡
Ennio Morricone

Slow
눈을감으면 - 떠 오 르는주 님의그 얼 굴 - 나 에 - 게다 - 정 히 - 두 팔 을
여 시 죠 - 그 사 랑 스 러 운 눈 길가득히 - 감사주시 는 - 사 랑 이
가 득 한 나 - 의 - 주 님 - 인 자 한 모 습 - - 꿈 속 에
서 - 보 네 영혼의깊은 - 곳 에 가득한 주의평 - 화 - 고 요 - 하
고 - 잔 잔 한 마 - 음 - 그 분 의 사 랑 을 깊 이 - 느 끼 며 감 - 사 하
네 - 한 없 는 주 - 의 사 랑 - - 사 랑 -
마음아프고 - 삶 의 고 통 을 느 낄 - 대 - 나 를 감 - 싸 - 고 - 위 로 하
시는분 - 그 분의사랑을 깊 이 - 느끼며 감 - 사하 네 - 한없는 주 - 의 사
랑 - 사 랑 - 주 님 의 사 랑 - 내 마 음 에 - 있 네

074

일요일은 참으세요

Never On Sunday

Billy Towne, Manos Hadjidakis

Moderato
oh you can kiss me on a mon - day a mon - day a mon - day is ve - ry ve - ry good
or you can kiss me on a tues - day a tues - day a tues - day in fact I wish you would
or you can kiss me on a wednes-day a thurs - day a fri - day and sat - ur - day is best
But nev - er nev - er on a sun - day a sun - day a sun - day cause that's my day of rest
Most an - y day - - you can be my guest
An - y day you say - - but my day of rest
just name the day - - that you like the
on - ly stay a - way - - on my day of rest

075 노노레타

Non Ho L'eta

Gigliola Cinquetti 노래
Randy Sparks

SlowRock
Non ho L'e - ta non ho L'e - ta - per a mar - ti non ho L'e - ta - per u -
sci re so - la con te E non a - vrei non a - vrei nul - la da
dir ti per-che tu sai mol - te - piu co - se - di me lascia che io
vi va - un a - mo - re ro man - ti co - nel l'at - te - sa - che venga-quel
gior no ma - o - ra no non ho L'e ta non ho L'e ta - per a
mar - ti non ho L'e ta - per u - sci re so - la con te se tu vor
rai se tu vor - rai - as - pet tar - mi quel giorno a - vrai tutto il mio
a - more - per te non ho L'e mo - re per te

076

오블라디 오블라다

Obladi Oblada

Beatles 노래

J. Lennon & P. McCartney

Rock'n Roll

G D7

1 1 3 5 1 1 3 5 1 1 3 5 1 1 3 5 5 5 7 2 5 5 7 2 5 5 7 2 5 5 7 2

5 G D7 G

3 3 3 3 3 3 2 1 7 2 2 2 - 4 4 4 4 4 4 3 2 1 - - 0 5

9 G C G D7 G

5 5 5 5 5 5 4 3 4 5 6 6 6 5 4 3 3 4 3 2 4 3 2 1 - 0 1 3 5

13 G D7 G

0 1 3 5 0 1 3 5 5 0 1 1 1 0 5 5 4 3 4 3 2 1 1 0 0 -

17 C G

0 1 4 5 6 5 6 1 4 6 6 1 1 3 3 3 3 0 2 2 0 1 1 0♯6 ♯6

21 C G D7

0 1 4 5 6 5 6 1 4 6 6 0 3 3 3 3 4 3. 2 1 1 1 0 1 1

D.S

25 G C D7 G

1 - 0 0 6 6 6 1 1 6 1 1 0 6 5 4 3 2 1 0

077

오, 캐롤

Oh, Carol

H. Greenfield & N. Sedaka

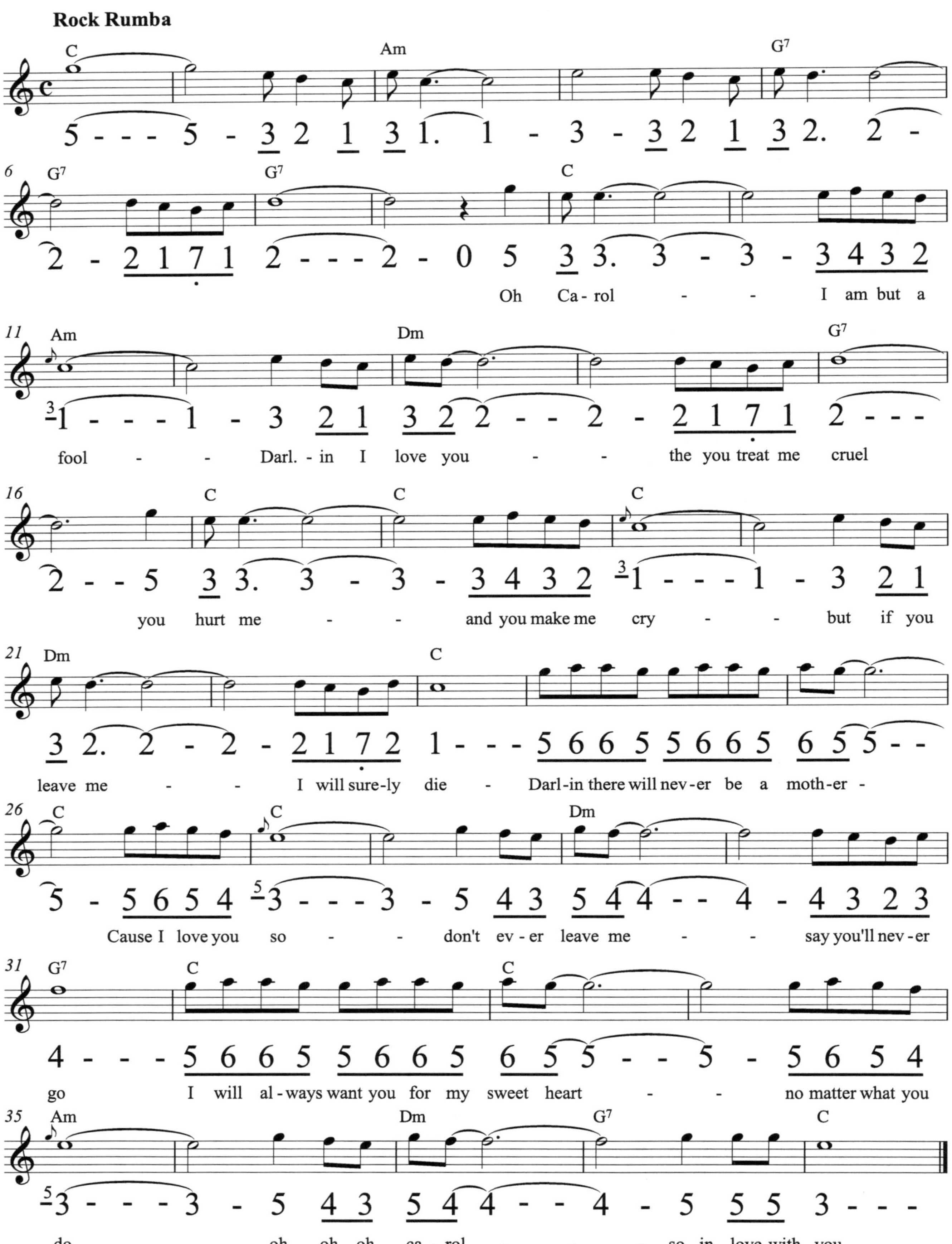
Rock Rumba
Oh Ca - rol - - I am but a
fool - - Darl. - in I love you - - the you treat me cruel
you hurt me - - and you make me cry - - but if you
leave me - - I will sure-ly die - Darl-in there will nev-er be a moth-er -
Cause I love you so - - don't ev - er leave me - - say you'll nev - er
go I will al - ways want you for my sweet heart - - no matter what you
do oh oh oh ca - rol - - - so in love with you

078

원웨이 티켓

One Way Ticket

Neil Sedaka 노래

H. Hunter & J. Keller

Rock
Am9
Choo choo-train a chug-ging down the track got-ta trav-el on - nev-er com-in'back woo -
Bye - bye - love my ba - by's leav - in' me now lone-ly teardrops are all that I can see
woo - got a one way tick-et to the blues - woo woo - woo woo - I'm
1. Am9
2.
G C E7 Am E7
gon-na take a trip to lone some town - gon-na stay at heart break ho - tel a fool-such as I there
Am B7 E7 Am9 Am9
nev - er was - I cry a tear so well - choo choo-train a chug-gin' down the track
Dm9 E7
got ta trav-el on - nev-er com-in' back woo - woo - got a one way tick-et to the
Am9 Am9 E7
blues - woo woo - blues - - - woo - woo - got a
D.S
Am9 Dm9
one way tick-et to the blues
F.O

079 어느 여름날 밤

One Summer Night

진추하 노래

Moderato

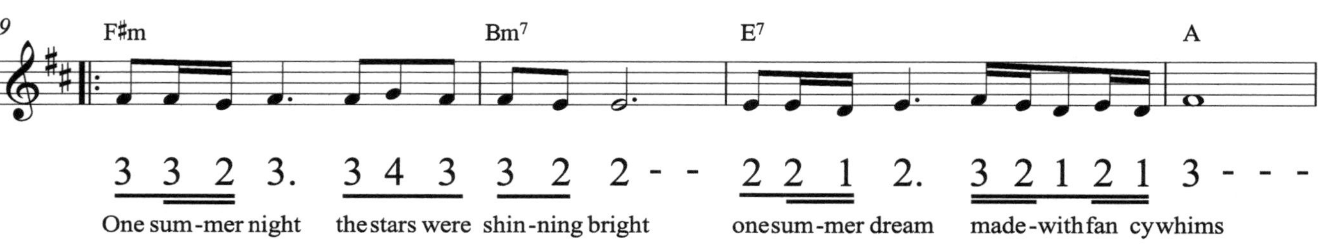

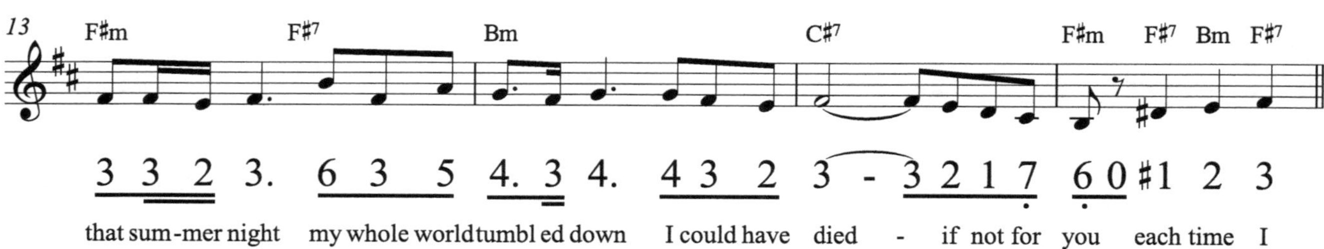

21
F#m D C#m7 C#7 1. F#m 2. F#m D7
1. 7 1 1 1 7 6 1. 7 1 1 1 7 6 1 - - 7 6 - - - 6 - - -
pray for you - my heart would best for you - you've filled my life for me me

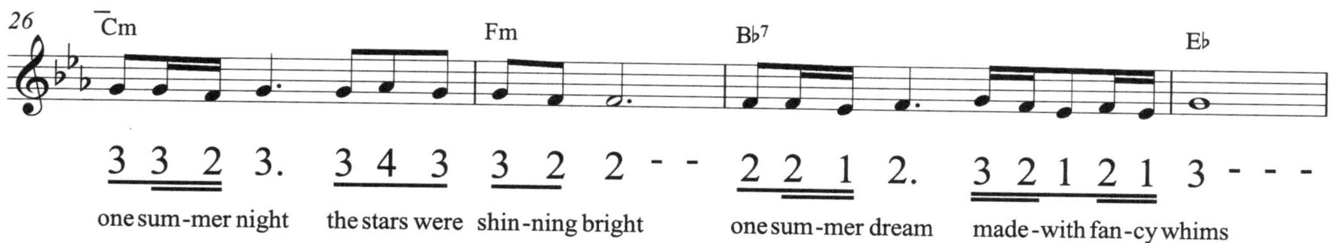
26
Cm Fm B♭7 E♭
3 3 2 3. 3 4 3 3 2 2 - - 2 2 1 2. 3 2 1 2 1 3 - - -
one sum-mer night the stars were shin-ning bright one sum-mer dream made-with fan-cy whims

30
Cm C Fm G7 Cm C Fm C
3 3 2 3. 6 3 5 4. 3 4. 4 3 2 3 - 3 2 1 7 6 0 #1 2 3
that sum mer night the whole world tumbled-down I could have died - if not for you each time I

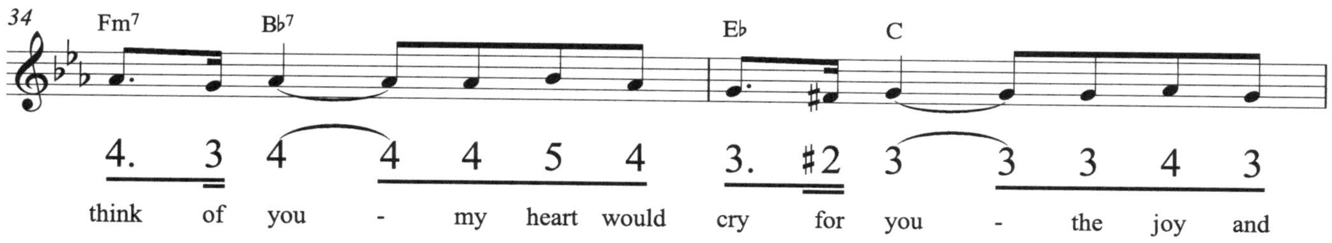
34
Fm7 B♭7 E♭ C
4. 3 4 4 4 5 4 3. #2 3 3 3 4 3
think of you - my heart would cry for you - the joy and

36
Fm G7
3 2 #1 2 2 1 7 6 #5 0 #5 6 7
love from - you - since I was born each night I'd

38
Cm A♭ Fm7 G7 Cm
1. 7 1 1 1 7 6 1. 7 1 1 1 7 6 1 - - 7 6 - - -
pray for you - my heart would best for you - you've filled my life for me

오버더레인보우

Over The Rainbow

E. Y. Harburg, Harold Arlen

Calypso

Some where o - ver the rain - bow way up high
Some where o - ver the rain - bow skies are blue

there's a land that I heard of - once in a lul - la by
and the dreams that you dare - to

dream real-ly do come true some day I'll wish up-on a star and wake up where the clouds are far be-

hind me - - - where trou-bles melt like lem-on drops a - way a-bove the chim-ney tops that's

where you'll find me some where o - ver the rain bow blue-birds

fly birds fly o - ver the rain-bow whe then oh why can't I

if

hap-py lit-tle blue-birds fly be - yond the rain-bow why oh why can't I

081

파파

Pa Pa

Paul Anka

Go Go
Ev - ry day my pa - pa would eork to try to make ends meet - - to
see that we would eat - keep those shoes up - on my feet
grow-ing up with him - was eas - ytime just flew on by - - - the
years be - gan to fly - - he aged and so did I - -
I could tell - - that ma ma was - n't well - - -
pa pa - knew and deep down so did she - so did she - - when she died
pa pa broke down and cried - - - all he said - was
god why not take me - - ev - ry time I kiss - my chil - dren pa pa's words ring true
your chil - dren live through you - they'll grow and need you too -
D.S
F.O

082 아마도 사랑은

Perhaps Love

J. Denver & Placido 노래
J. Denver

Moderato

B♭
Gm
E♭
F
B♭
Gm
0 - 0 3 4 5 3 6. 3 4 1 5 - 3 5 6. 3

5
Cm
F
B♭
Gm
4 2 5 2 5 - - 5 2 1. 7 1 2 1 5 3. 3
Per - haps love is like a rest - ing place a

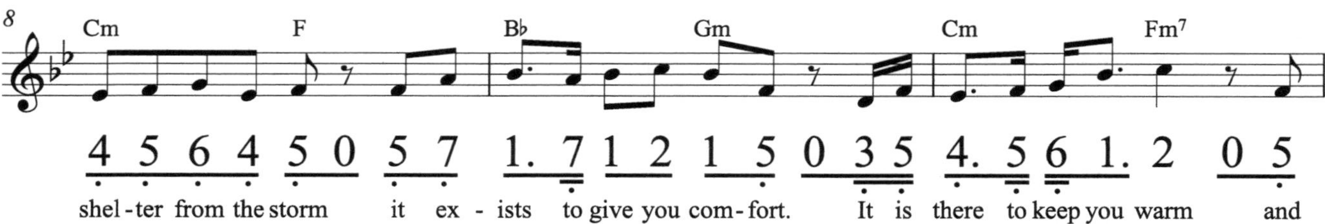
8
Cm
F
B♭
Gm
Cm
Fm7
4 5 6 4 5 0 5 7 1. 7 1 2 1 5 0 3 5 4. 5 6 1. 2 0 5
shel - ter from the storm it ex - ists to give you com - fort. It is there to keep you warm and

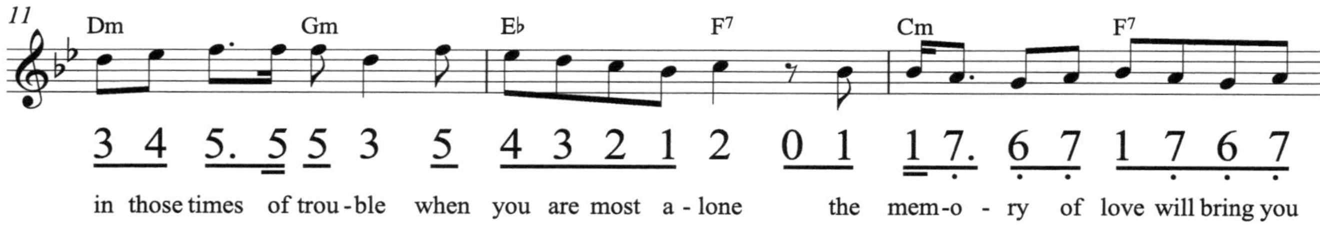
11
Dm
Gm
E♭
F7
Cm
F7
3 4 5. 5 5 3 5 4 3 2 1 2 0 1 1 7. 6 7 1 7 6 7
in those times of trou - ble when you are most a - lone the mem - o - ry of love will bring you

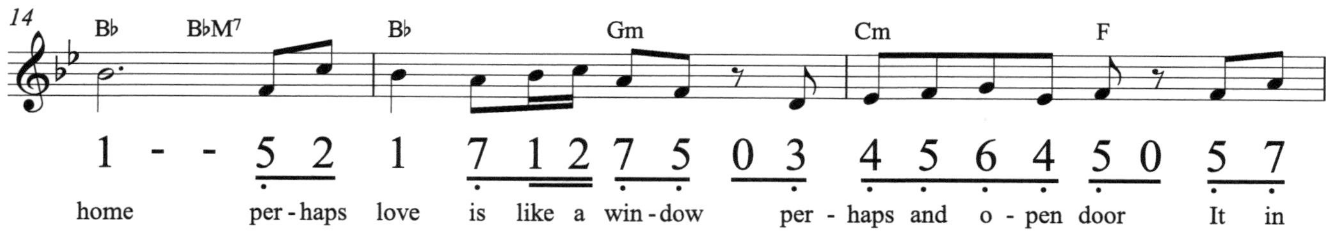
14
B♭
B♭M7
B♭
Gm
Cm
F
1 - - 5 2 1 7 1 2 7 5 0 3 4 5 6 4 5 0 5 7
home per - haps love is like a win - dow per - haps and o - pen door It in

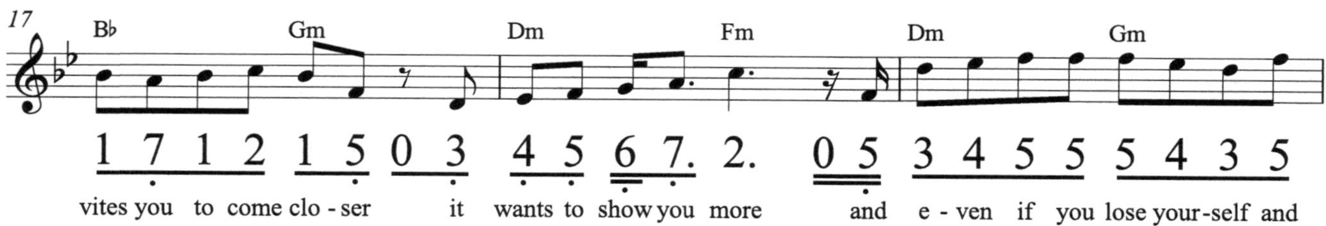
17
B♭
Gm
Dm
Fm
Dm
Gm
1 7 1 2 1 5 0 3 4 5 6 7. 2. 0 5 3 4 5 5 5 4 3 5
vites you to come clo - ser it wants to show you more and e - ven if you lose your - self and

20
E♭ F7 Cm 3 F7 B♭
don't know what to do the mem-o-ry - of love will see you through oh
23
Dm Gm E♭ F B♭ Dm Gm
love to some is like a cloud to some as strong as steel for some a way of liv-ing for
26
E♭ F7 B♭ Dm Gm E♭ F B♭
some a way to feel and some say love is hold-ing on and some say let-ting go and
29
Dm Gm Cm F B♭ Gm
some say love is ev - ery-thing some say they don't know - per-haps love is like the o-cean full of
32
Cm F B♭ Gm Cm F7
con- flict - full of pain like a fire when it's cold out - side thun- der - when it's rain if
35
Cm Gm E♭ F7 Cm 3 F7
I should live for - ev - er - and all my dreams come true my mem-o-ries - of love will be of
38
B♭ Dm Gm E♭ F7 B♭
you
41
Dm Gm E♭ Cm F7
and
D.S
B♭ Gm E♭ F7 B♭
you

083 자랑스러운 매리

Proud Mary

C.C.R 노래
J. Fogerty

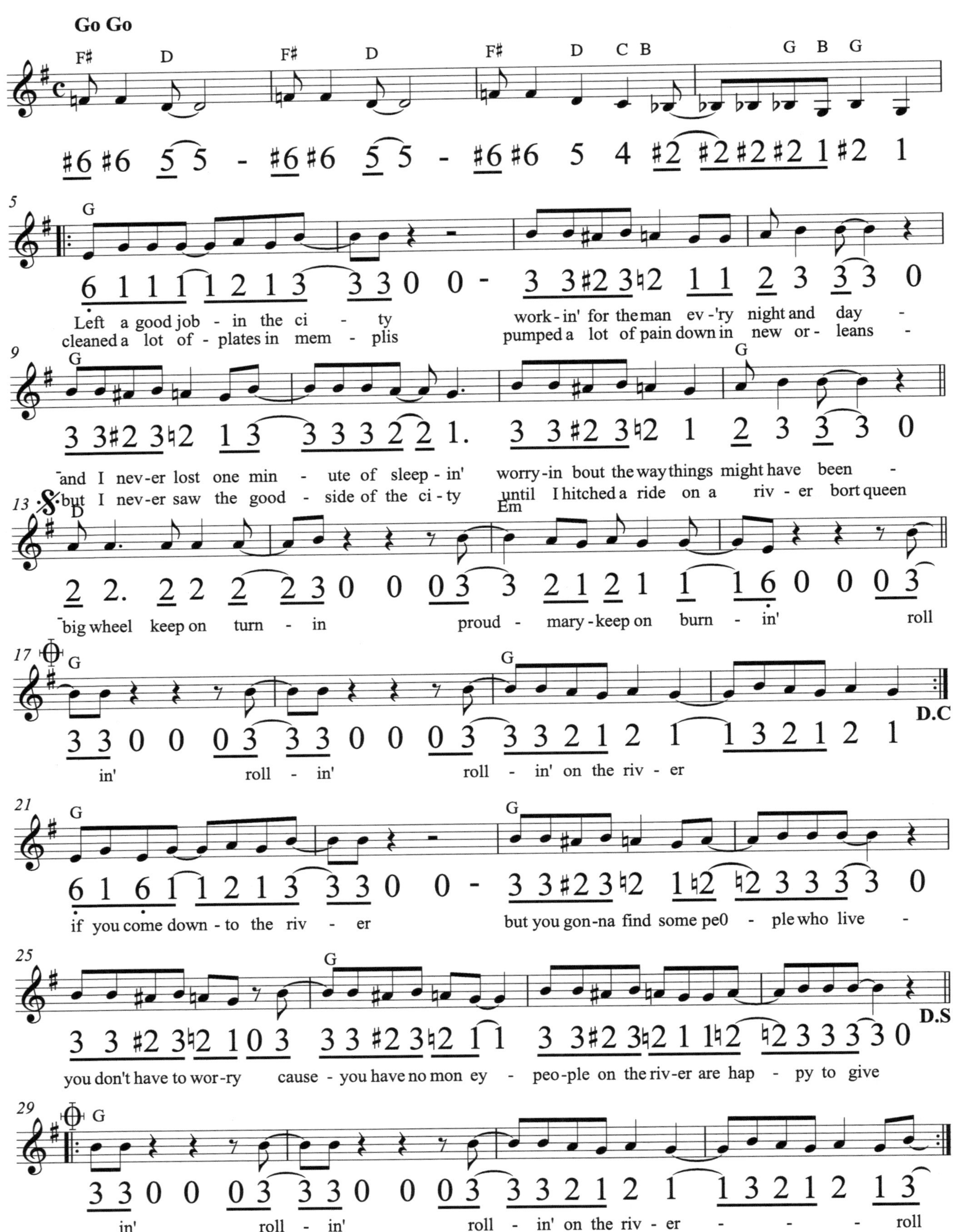
Go Go
F# D F# D F# D C B G B G
G
Left a good job - in the ci - ty work-in' for the man ev-'ry night and day -
cleaned a lot of - plates in mem - plis pumped a lot of pain down in new or- leans -
G G
and I nev-er lost one min - ute of sleep - in' worry-in bout the way things might have been -
but I nev-er saw the good - side of the ci - ty until I hitched a ride on a riv - er bort queen
D Em
big wheel keep on turn - in proud - mary - keep on burn - in' roll
G G
in' roll - in' roll - in' on the riv - er
D.C
G G
if you come down - to the riv - er but you gon-na find some pe0 - ple who live -
G
you don't have to wor-ry cause - you have no mon ey - peo-ple on the riv-er are hap - py to give
D.S
G
in' roll - in' roll - in' on the riv - er - - - roll

084

케세라세라

Que sera sera

Mary Hopkin 노래

Waltz
When I was
just a lit - tle girl I asked my moth - er
just a child in school I asked my teach - er
what will I be? - will I be pret - ty will I be rich?
what should I try - should I paint pic - tures should I sing song
here's what she said to me Que se ra se ra -
this was her wise re - ply
what ev - er will be will be the fu - ture's not
ours to see Que se ra se ra - - - -
what will be will be - - - QUE SE RA SE RA

빗방울이 내 머리 위에 떨어져요

Raindrops Keep Fallin' On My Head

B. J. Thomas 노래
H. David & B. Bacharach

Swing

Rain drops keep fall - in' on my head and

5 just like the guy whose feet are too big for his bed noth - in' seems to fit those

9 rain - drops are fall - in' on my head they keep fall - in' so I just thing I know

13 the blues - they send - to meet - me won't de - feat - - it

17 won't be long - till hap - pi - ness - steps up - to great - me

21 Rain drops keep fall - in' on my head but that does - n't mean my eyes will

25 soon be turn - in' red cry - in' not for me cause I'm nev - er gon - na stop the

29 rain by come - plain - in' be - cause I/m free noth - in' wor - ry in' me

34 F.O

홍하의 골짜기

Red River Valley

America Folk Song

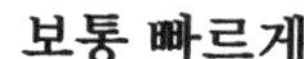

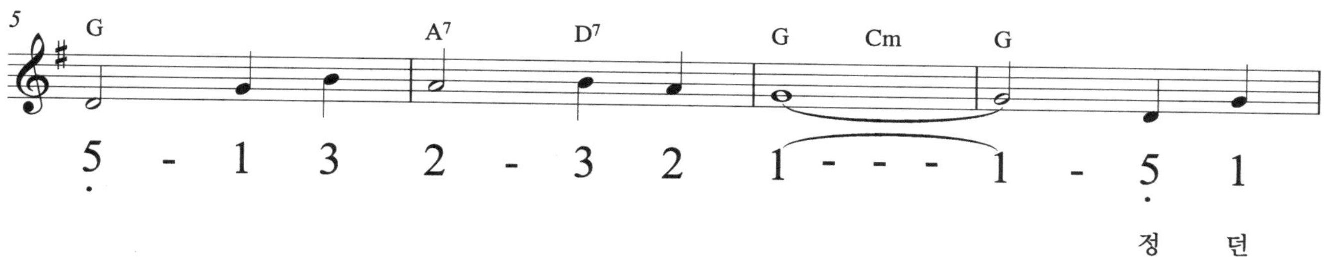

9
G G
3 - 3 3 3 - 2. 3 2 1 - - 1 - 5 1
이 계 곡 을 떠 나 가 는 - - - 그 대
을 넘 어 서 가 던 그 날 - - - 수 선

13
E7 A7 D7
3 - 1 3 5 - 4 3 2 - - - 2 - 5 4
의 그 리 운 그 얼 굴 - - - 다 시
화 가 피 어 있 었 네 - - - 잊 지

17
G G7 C Cm
3 - 3 2 1 - 2 3 5 4 - - 4 - 6 #5
한 번 만 얘 기 하 고 픈 - - - 목 장
말 고 서 다 시 오 려 마 - - - 아 아

21
G A7 D7 1. G 2. G
5 - 1 3 2 - 3 2 1 - 5 1 1 - - -
의 푸 른 잔 디 밭 위 언 덕 곡
목 동 이 사 는 계

087

리듬오브더레인

Rhythm of The Rain

Cascades 노래
J. Gummoe

Go Go
Lis-ten to the rhy-thm of the fall-ing rain - Tell-ing me just what a fool I've been - I
wish that it would go and let me cry in vain - and let me be a-lone a- gain - - the
Rain please-tell me now does that seem fair for her to steal my heart a-way when
she don't care - I can't love an-oth-er when my heart's some where far - a - way - - - the
on-ly girl I care a-bout has gone a- way - Look-in' for a brand new - start - but
lit-tle does she know that when she left that day - a long with her she took my heart -
D.S
oh lis-ten to the fall-ing rain - - pit-ter pat-ter pit-ter
pat-ter - woo - - Lit-ten, lis - ten to - the fall-ing rain -

088

키스로 봉해서

Sealed with A Kiss

Letter Man 노래

F. Udell & G. Geld

Slowly
Tho we got - ta say good bye for the sum - mer darl - ing I prom - ise you
this I'll send you all my love ev - ry day in a let - ter sealed with a
kiss guess it's gon - na be a cold lone - ly sum-mer but I'll fill the emp - ti -
ness I'll send you all my dreams ev - ry day in a let - ter sealed with a
kiss I'll see you in the sun light I'll hear your voice ev - ry
where I'll run to ten - der - ly hold you but darl - ing you won't be
there I don't wan - na say good bye for the sum - mer know - ing the love we'll
miss oh let us make a pledge to meet - in sep - tem - ber and seal it with a
kiss tho we got - ta say good kiss - -

Boney M 노래
F. Farin, G. Reyam, B. Dowe & P. Mcnau Ghton

089 바빌론의 강
Rivers Of Babylon

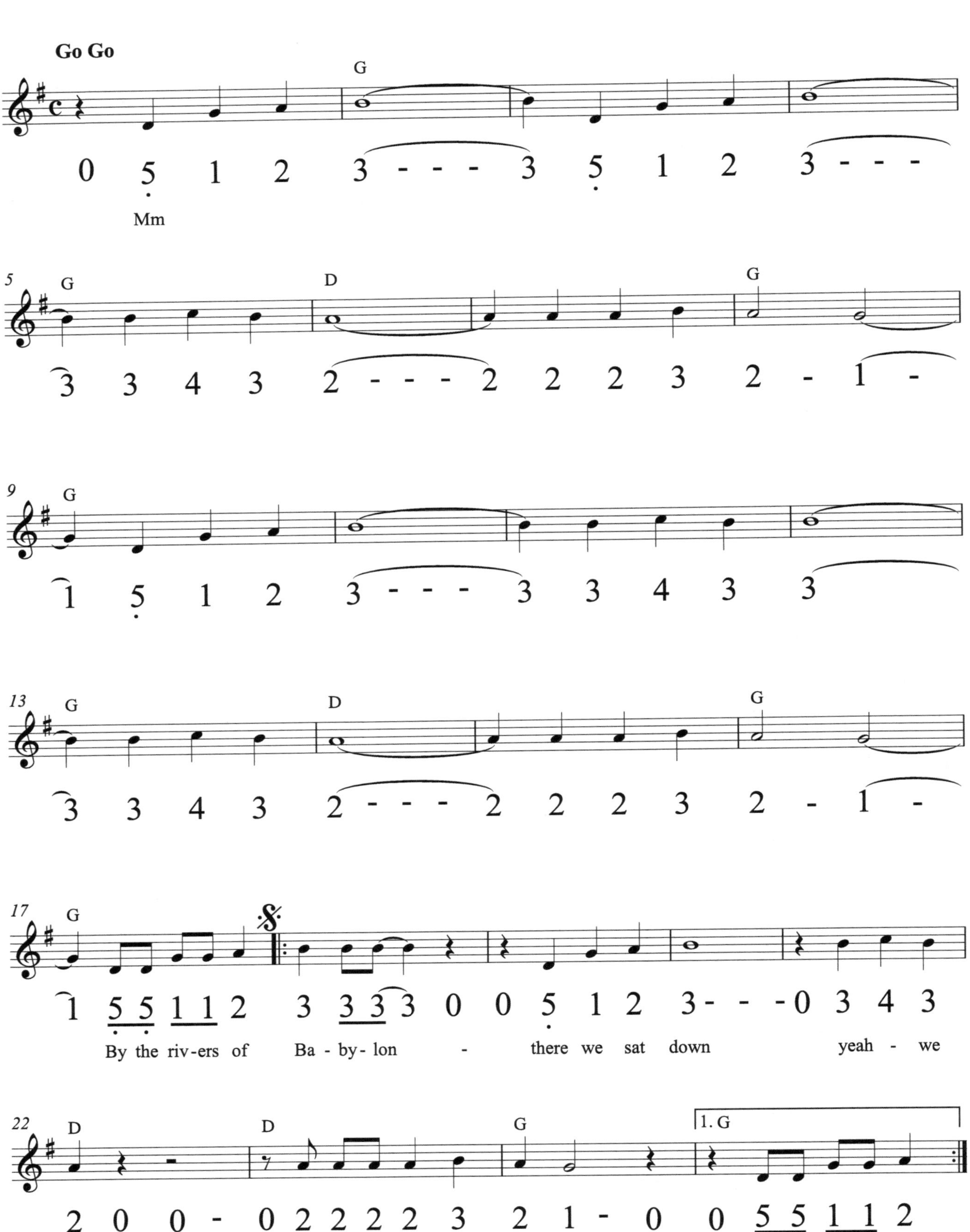
Go Go
Mm
By the riv-ers of Ba - by- lon - there we sat down yeah - we
wept when we re-mem-bered zi - on by the riv - ers of
1. G

When the wick - ed car-ried us a-way in cap - tiv - i - ty - re - quir-ed from us a
quir-ing of
song now how shall we sing the lord's song - in a strange -
land when the wick - ed humming -
yeah yeah - yeah yeah - yeah let the words of our - mouths and the me - di -
ta - tions of our - hearts be ac - cep - ta - ble in thy -
sight here to - night - - - let the - by the riv - ers of
D.S& F.O

스카브로우의 추억

Scaborough Fair

P. Simon & Garfunkel 노래

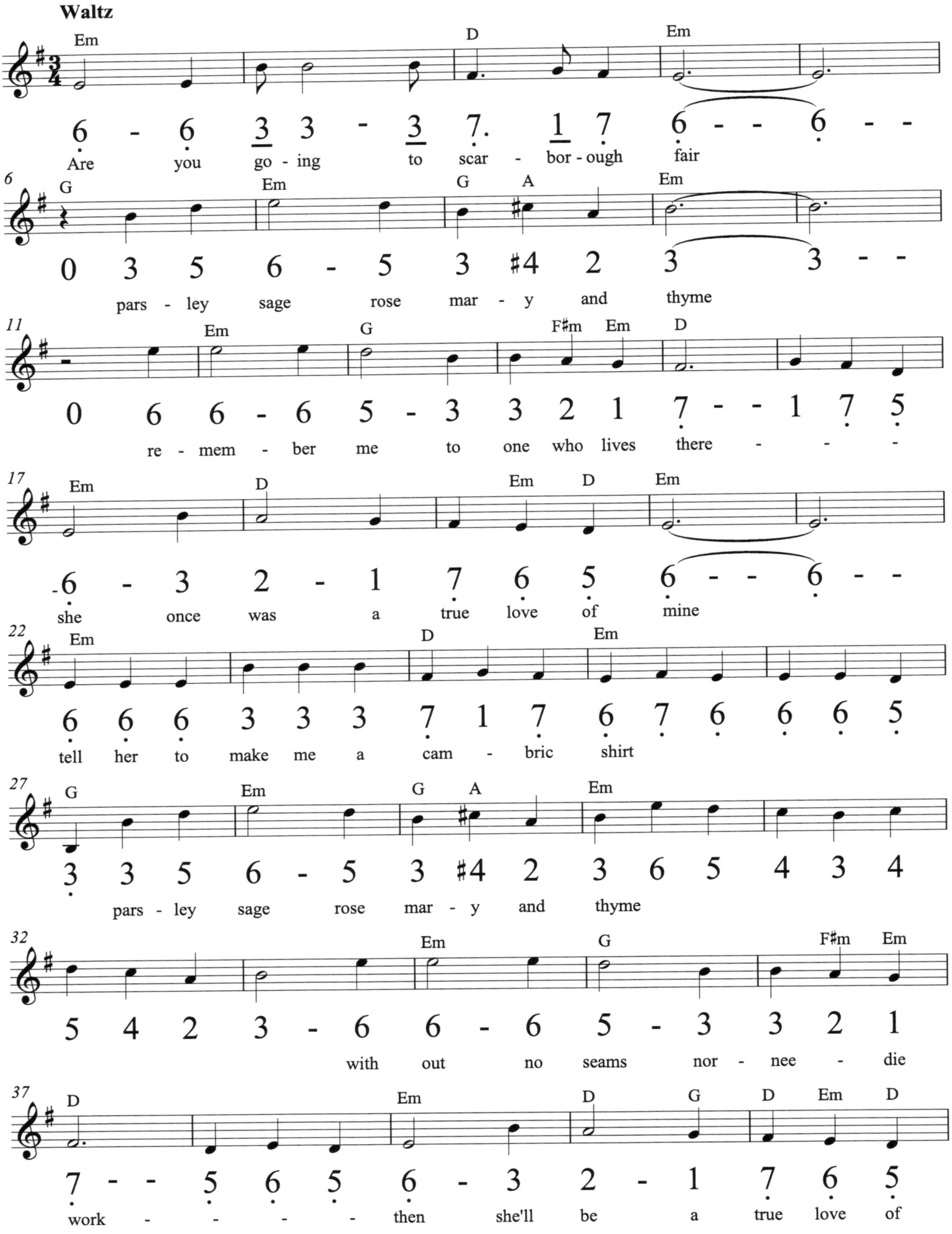

Waltz

Are you go - ing to scar - bor - ough fair

6 pars - ley sage rose mar - y and thyme

11 re - mem - ber me to one who lives there - - -

17 she once was a true love of mine

22 tell her to make me a cam - bric shirt

27 pars - ley sage rose mar - y and thyme

32 with out no seams nor - nee - die

37 work - - - - then she'll be a true love of

mine - - - - - - - - tell her to find me - an
a cre - of land - - - - - - pars - ley sage rose
mar - y and thyme - - - - - - - - be
tween the salt wa - ter and the sea strand
then she'll be a true love of mine - - -
tell her to reap it with a sick - le of leath - er
pars - ley sage rose mar - y and thyme
and gather it all in a bunch of
heath - er - - - - - then she'll be a true love of mine

091

싱싱싱

Sing, Sing, Sing

Louis Prima

발랄하게
sing sing sing sing ev - ery - bod - y start to sing
la - dle - la whoa - ho - ho now you're sing - ing with a swing -
sing sing sing sing ev - ery-bod - y start to sing - la - dle - la
whoa ho ho now you're sing - ing with a swing - when the mu - sic goes a - round
ev - ery bod - y goes to town but here's some-thing you should know ho ho ba - by
ho ho ho sing sing sing sing ev - ery-bod - y start to sing
la dle - la whoa - ho - ho now you're sing - ing with a swing -

092 내사랑 어디에

Somewhere My Love

Ray Conniff 노래
Maurice Jarre

Moderato
some where my love there will be songs to sing al though the
snow cov - ers the hope of spring some where a hill
blos-som in green and gold and there are dreams all that your heart can hold
some day - we'll meet a - gain my love some day - when ev - er the
spring breaks through you'll come to me out of the long a go
warm as the wind soft as the kiss of snow till then my
sweet think of me now and then god speed my love
'til you are mine a - gain 'til you are mine - a - gain -

093 부드러운 사랑으로 말해요

Speak Softly Love

Andy Williams 노래
L. Kusik & N. Rota

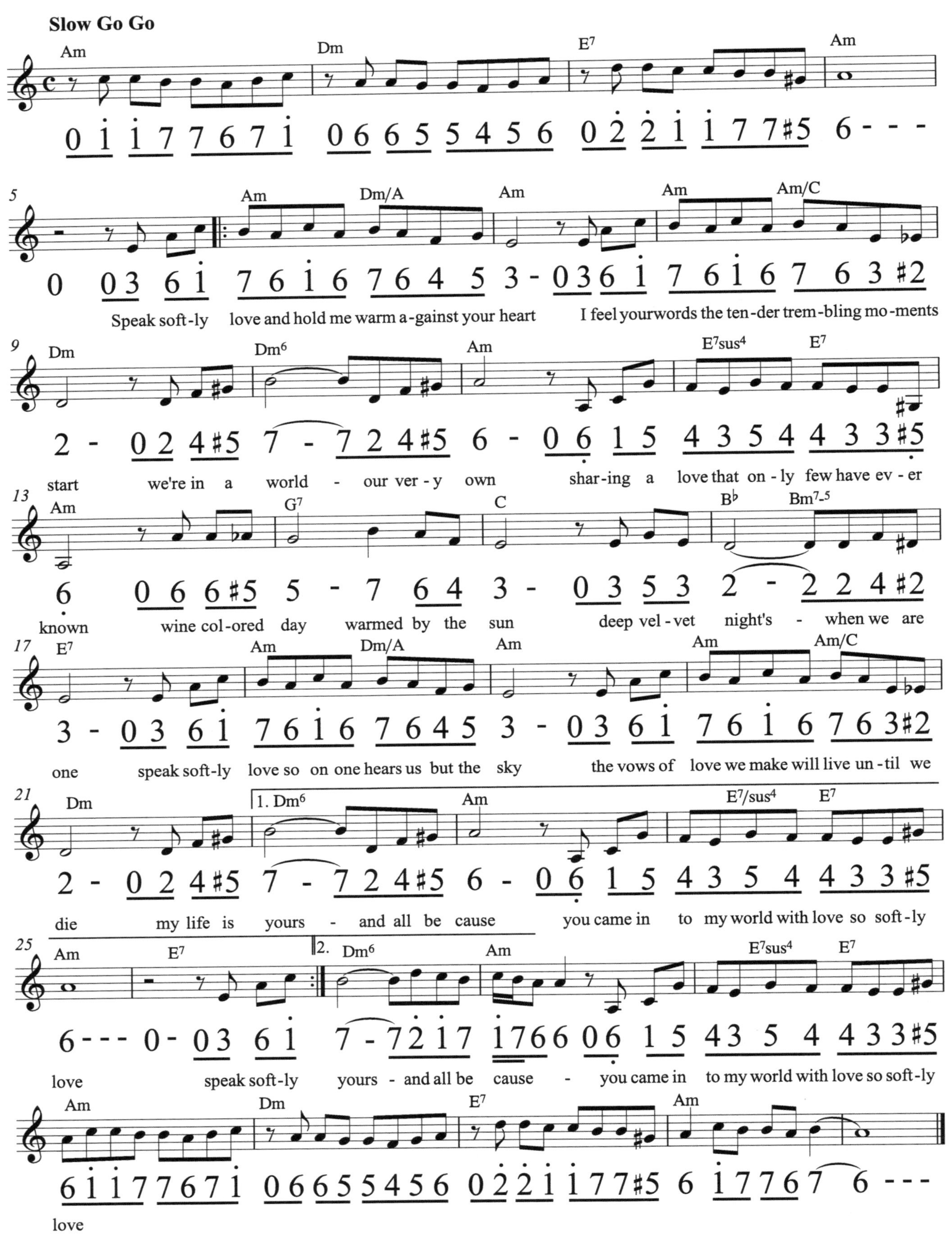
Slow Go Go
Am Dm E7 Am
5 Am Dm/A Am Am Am/C
Speak soft-ly love and hold me warm a-gainst your heart I feel yourwords the ten-der trem-bling mo-ments
9 Dm Dm6 Am E7sus4 E7
start we're in a world - our ver-y own shar-ing a love that on-ly few have ev-er
13 Am G7 C B♭ Bm7-5
known wine col-ored day warmed by the sun deep vel-vet night's - when we are
17 E7 Am Dm/A Am Am Am/C
one speak soft-ly love so on one hears us but the sky the vows of love we make will live un-til we
21 Dm 1. Dm6 Am E7/sus4 E7
die my life is yours - and all be cause you came in to my world with love so soft-ly
25 Am E7 2. Dm6 Am E7sus4 E7
love speak soft-ly yours - and all be cause - you came in to my world with love so soft-ly
Am Dm E7 Am
love

094 정열의 포도주

Summer Wine

Nancy Sinatra, Lee Hazelwood 노래

Go Go
Straw - ber - ries cher - ries and an an - gel's kiss in spring
my sum - mer wine - is real - ly made from all these things
I walked in town on sil - ver spurs that jin - gled to
My eyes grew hea - vy and my lips they could not speak
a song that I have on - ly sang to just a few
I tried to get up but I could - n't find my feet
she saw my sil - ver spurs and daid Let's spend - some time
she re - as - sured me with an un - fa - mil - iar line
and I will give to you more SUM-MER WINE
and then she gave to me more SUM-MER WINE - -
oh - - oh - SUM-MER WINE - -
more - - - SUM-MER WINE - -

095 해바라기

Sunflower

Henry Mancini

Slow Go Go
Love is storm and wind and tide. - all the tears your heart can hold. - But I look back af - ter Loss of love. and Know the days were gold - sun light blinds my mind -
Now the words of haunt - ed songs - ring as clear as they did then. - still I look back af - ter Loss of love, and
Songs were sung with words as young as May. But in the midst of sum - mer. win - ter cam. - A chill blew out the flame -
I see on - ly shat - tered skies - not a ray of light to find -
But I look, back af - ter Loss of love, and know the days were gold.
D.S

096 내 어깨 위로 비치는 햇살

Sunshine On My Shoulder

John Denver

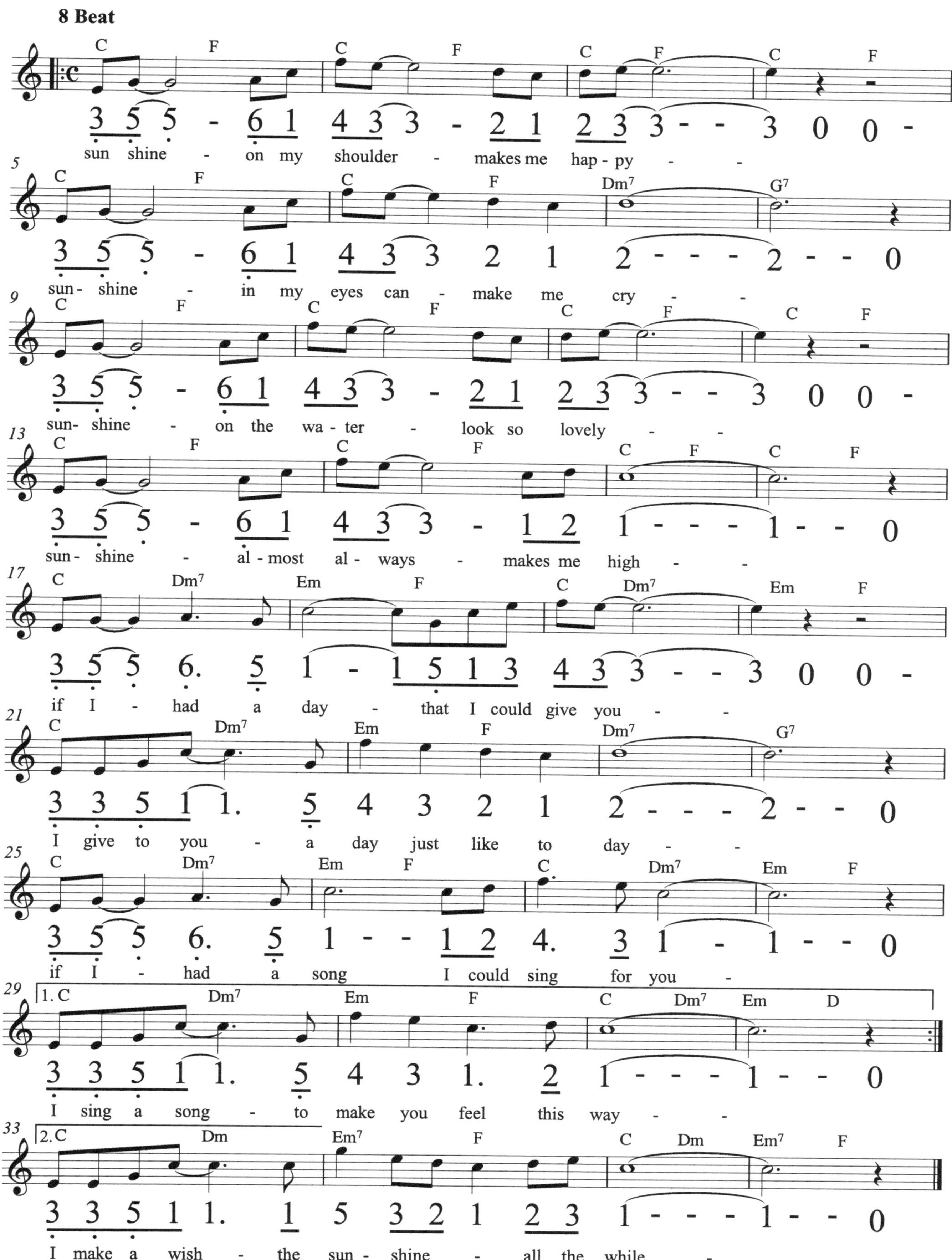
8 Beat
sun shine - on my shoulder - makes me hap - py - -
sun - shine - in my eyes can - make me cry - -
sun - shine - on the wa - ter - look so lovely - -
sun - shine - al - most al - ways - makes me high - -
if I - had a day - that I could give you - -
I give to you - a day just like to day - -
if I - had a song I could sing for you -
I sing a song - to make you feel this way - -
I make a wish - the sun - shine - all the while -

097

고향으로 가는 길

Take Me Home Country Roads

John Denver 노래
B. Danoff, T. Nivert

Country
G Em D
Al-most heav - en - - west vir - gin - ia - - blue ridge
mem - 'ries - - gath - er' round - her - - min - er's
D C G
moun - tains - shen - an - do - ah riv - er - - -
la dy - stran - ger to blue wa - ter - -
G Em
life is old there - old - er than - the trees
dark and dust - y - paint - ed on - the sky
D C G
young - er than - the moun - tains - grow - in' like a breeze - coun - try
mist - y taste - of moon - shine - tear - drop in my eye - -
G D Em
roads - - take - me home - - to the place
Em C G
I be long - - west vir - gin - ia - - moun - tain

27
D C G
2 3 - - 3 - 3 2 1 1 - - - 1 - 1 2 1 - - -
mam - ma - - take - me home - - coun - try roads
32
G Em D G
1 0 1 1. 0 1 1 1 7 - 1 2 3 3 3 3 2
All my I hear her voice in the morn - in' hours - she
36
G C G D
3 2 1 0 1 4 4 4 4 4 4 3 2 1 2 - 3. 3 2 - - 2
calls - me the ra - di - o - re - minds me of my home far a - way and
41
Em F C G
3 3 3 3 2 2 2 2. 1 1 1 1. 1. 1 1 1.
driv - in' down the road I get a feel - in' that I should have been home
45
D D7
2 3 2 2 - 2 - 2 3 4 4 - - - 4 0 1 2
D.S
yes - ter - day - - - yes - ter - day - - - - coun - try
49
G D G
1 - - - 1 0 3 2 1 2 - - - 2 - 3 2 1 1 - - -
roads - - take - me home - - coun - try roads
54
G D G
1 - 3 2 1 2 - - - 2 - 3 2 1 1 - - - 1 - - -
take - me home - - coun - try roads -

천국의 눈물

Tears In Heaven

E. Clapton & W. Jennigs

Moderato

099

로라에게 사랑한다고 전해줘요

Tell Laura I Love Her

Ray Peterson 노래
J. Barry & Raleigh

Moderato
Lau-ra and Tom-mi were love-ers - - He wanted to give her ev-ry-thing -
Flow-ers - - pre-sents - and most of all a wed-ding ring
he saw a high for a stock car race - a thou sand dol-lar prize it road - he
could-n't get LAU-RA on the phone - so to her moth-er Tom-mi said
Tell Lau-ra I love - her - - Tell - Lau-ra I need - her
Tell Lau-ra I may be late - I've some-thing to do - that can not wait -
Tell Lau-ra I love - her - Tell Lau-ra I love - her -

100

세상의 끝

The End Of The World

Skeeter Davis 노래
Sylvia Day, Arther Kent

Slowly
E♭ B♭ Cm Gm
3 3 2 1 3 6 5 2 - 0 1 1 7 6 1 4 3 - - 0
Why does the sun go on shin - ing why does the sea rush to shore
A♭ Fm Gm C7 Fm B♭7
2 6 5 6 5 6 7 5 3 5 0 3 6 5 4 3 2 3 4 - - 0
don't say - no it's the end of the world cause you don't love me an - y more
E♭ B♭ Cm Gm
3 3 2 1 3 6 5 2 - 0 1 1 7 6 1 4 3 - - 0
why do the birds go on sing - ing why do the stars glow - burn
A♭ Fm Gm C7 Fm B♭7 E♭
2 6 5 6 5 6 7 5 3 5 0 3 6 4 2 1 7 2 1 - 0 1
don't say - no it's the end of the world it end-ed when I lost your love I
A♭ E♭ B♭7 E♭
6 6 1 1 4 4 6 6 5 3 - 3 4 3 4 4 5 4 5 3 - 0 0 6
wake up in the morn-ing and I won - der but ev - ry thing's the same as it was I
Gm C7 Fm B♭7
7 5 3 5 5 6 7 5 3 5 0 3 6 5 4 3 2 3 4 - - 0
can't un - der stand no I can't un - der stand how life goes on the way you done
E♭ B♭ Cm Gm
3 3 2 1 3 6 5 2 - 0 1 1 7 6 1 4 3 - - 0
why does my heart go on beat - ing why do those eyes of mine cry
A♭ Fm Gm C7 Fm B♭7 1. E♭ Fm7 B♭7 2. E♭
2 6 5 6 5 6 7 5 3 5 0 3 6 4 2 1 7 2 1 - - 0 1 - - 0
don't say - no it's the end of the world it end-ed when you said good bye bye

영광의 탈출

The Exodus Song

Pat Boon 노래

Ernest Gold

102

당신을 처음 보았을 때

The First Time Ever I Saw Your Face

Roberta Flack 노래
E. McColl

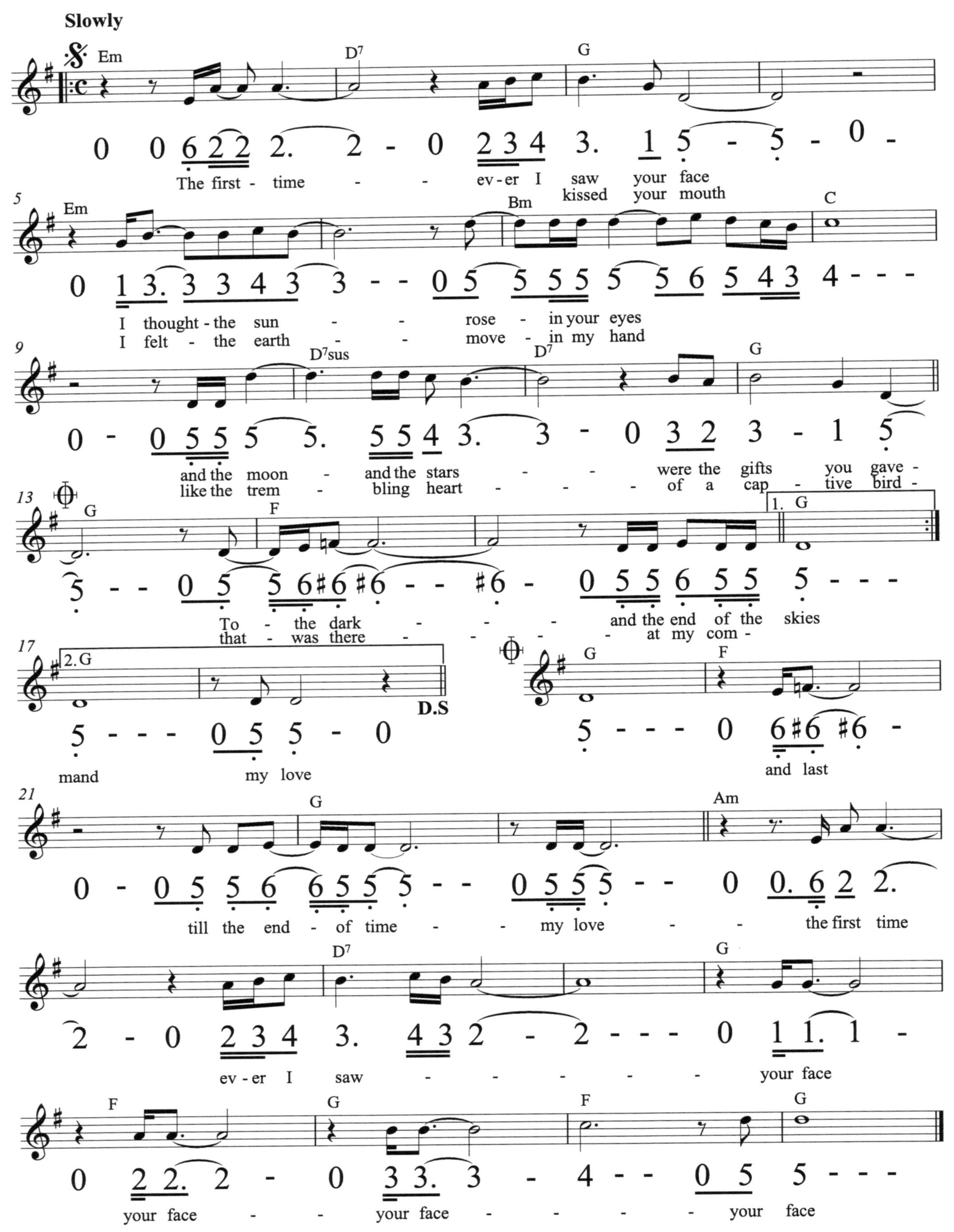
Slowly
Em D7 G
The first - time - - ev - er I saw your face
kissed your mouth
Em Bm C
I thought - the sun - - rose - in your eyes
I felt - the earth - - move - in my hand
D7sus D7 G
and the moon - and the stars - - were the gifts you gave -
like the trem - bling heart - - - of a cap - tive bird -
G F 1. G
To - the dark - - - and the end of the skies
that - was there - - - at my com -
2. G
D.S
G F
mand my love
and last
G Am
till the end - of time - - my love - - the first time
D7 G
ev - er I saw - - - - - your face
F G F G
your face - - your face - - - - your face

103

해뜨는 집

The House of The Rising Sun

Animals 노래

A. Price

Slow Rock

There is a house in New Or leans - They call the ris - ing sun

and it.s been the ruin of man - y - a poor boy and God, I know - I'm one

My moth - er was a tai - lor - - - sewed my new blue jeans - - my

fath - er was a gam - blin' man - down in New - OR - leans.

D.S

104

지상 최대의 작전

The Longest Day

P. Anka

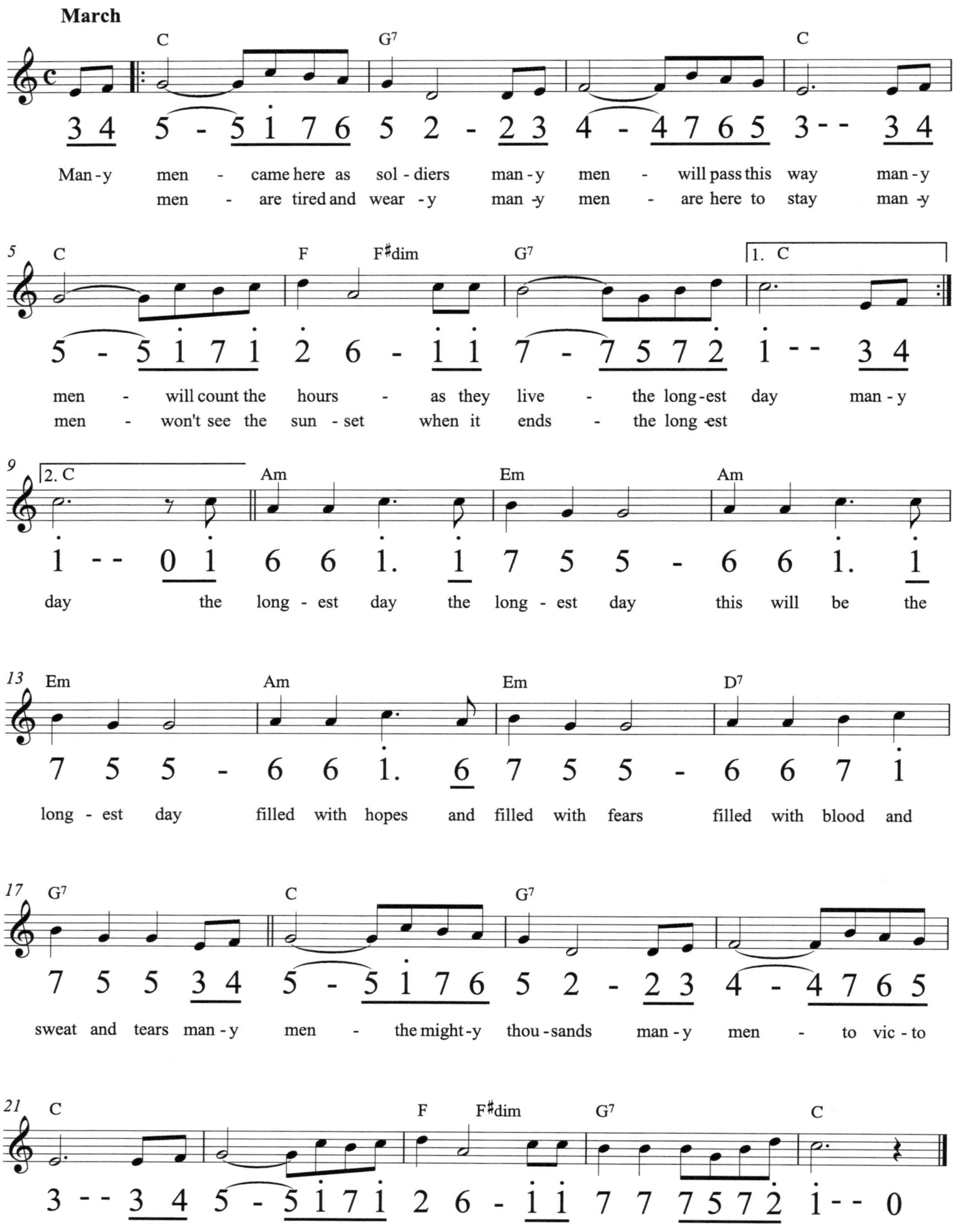
March
C G7 C
3 4 5 - 5 1 7 6 5 2 - 2 3 4 - 4 7 6 5 3 - - 3 4
Man-y men - came here as sol-diers man-y men - will pass this way man-y
men - are tired and wear-y man-y men - are here to stay man-y
C F F♯dim G7 1. C
5 - 5 1 7 1 2 6 - 1 1 7 - 7 5 7 2 1 - - 3 4
men - will count the hours - as they live - the long-est day man-y
men - won't see the sun-set when it ends - the long-est
2. C Am Em Am
1 - - 0 1 6 6 1. 1 7 5 5 - 6 6 1. 1
day the long-est day the long-est day this will be the
Em Am Em D7
7 5 5 - 6 6 1. 6 7 5 5 - 6 6 7 1
long-est day filled with hopes and filled with fears filled with blood and
G7 C G7
7 5 5 3 4 5 - 5 1 7 6 5 2 - 2 3 4 - 4 7 6 5
sweat and tears man-y men - the might-y thou-sands man-y men - to vic-to
C F F♯dim G7 C
3 - - 3 4 5 - 5 1 7 1 2 6 - 1 1 7 7 7 5 7 2 1 - - 0
ry march-ing on - right in to bat-tle in the long-est day in his-to-ry

105

사랑의 목소리

The Voice of Love

David Lynch / Badalamenti

Moderato
The voice of love will call - to you the voice of love will call - to you
you can be sure that she's sin - sere if you hear the voice
love when some-one look at you and
the sweet is her ten - der sigh but
vows that she -'ll be true if you're un - cer - tain take her in your arms and
sights ve - ry of - ten me though she might thrill you don't give up your heart un -
list - en for the voi ce of love the love the
til you'll hear the voi - ce of
voice of love will call - to you the voice of love will call - to you
you can be sure that she's sin - cere if you hear the - voice of love

106

침묵의 소리

The Sound Of Silence

Simon & Garfunkel 노래
Paul Simon

Hel-lo dark-ness my old friend
I've come to talk with you a - gain
be-cause a vi-sion soft-ly creep - ing -
left it's seeds while I was sleep - ing
and the vi- sion - that was plant-ed in my brain - still re-mainns -
with in the sound of si- lence - -
In rest-less dreams I walked a -
and in the nak-ed light I
lone - - nar-row streets of cob-ble stone - -
saw ten thou-sand peo-ple may-be more
nesth the ha - lo of a
peo - ple - talk-ing with-out
street lamp - I turned my col-lar to the cold and damp -
speak - ing - - peo-ple hear-ing with-out lis - ten - ing -
when my eyes were stabbed
peo-ple writ - ing songs

by the flash of a ne - on light that split the night - - and touched the
that voi - ces - nev - er share and no one dare - - dis - turb the
sound of si - lence - - - Fools said I you do not know
sound of si - lence - - - and the per - ple bowed and prayed
si - lence like a can - cer grows - hear my words that I might teach you
to the ne - on god they made and the sign flashed out it's warn - ing
take my arms that I might reach you - - But my words - like si - lent
In the words that it was form - ing -
rain-drops fell - - and ech oed - in the wells of si lence -
and the sings said the worda of the proph-ets are writ-ten on the sub-way walls - and the-e-ment
halls and whis per'd - in the sounds of si-lence -

107

작은 새

This Little Bird

J. Loudermilk

Moderato
There's a Lit - tle Bird that some - bod - y sends down to the
earth to live on the wind Born on the wind and he sleeps on the
wind - - - this lit-tle bird that some - bod - y sends He's light and
frag - ile and feath - ered sky blue so thin and grace - ful the sun shines
through this lit - tle bird that lives on the wind
this lit - tle bird that some - bod - y sends he flys so -
high - up - in - the - sky out of reach - of
hu - man - eye and the on - ly time that he touch - es the

108

티코티코

Tico Tico

Ervin Drake & Zequinha Abreu

재미있게

oh ti-co ti-co tick-oh ti-co ti-co tick-this ti-co ti-co he's the cuck-oo in my
clock and when he says cuck-oo - he means it's time to woo-it's ti-co time for all the lov-ers in the
block I've got a heav-y date-a tete-a-tete at eight-so speak oh ti-co tell me is it get-ting
late if I'm on time cuck-oo - but if I'm late woo woo-the one my heart has gone to may not want to
wait for just a bir-die and a bir-die who goes no-where he knows of ev-'ry lov-ers lane and how to
go there for in af-fairs of the heart - my ti-co's ter-rib-ly smart - he tells me
gent-ly sen-ti-memt-'ly at the start oh oh I hear my lit-tle ti-co ti-co call-ing be-cause the
time is right and shades of night are fall-ing I love that not-so-cuck-oo cuck-oo in the clock ti-co
ti-co ti-co ti-co ti-co tock oh ti-co tock oh ti-co tock

109

그리운 시절
Those Were The Days

Gene Raskin

Moderato
Am A7 Dm E7
0 1 1 7 7 6 6 6 6 6 5 5 4 4 4 2 3 4 3. #5

7
Am Am Am6 Am7 Am6 Am
1 7 6 #5 6--- 6--- 6 6 7 1 2 1 7 6 1 6. 0 0 6 3 3 4 5 6 3 4 3
Once up-on a time there was a ta- vern - where we used to rais a glase or

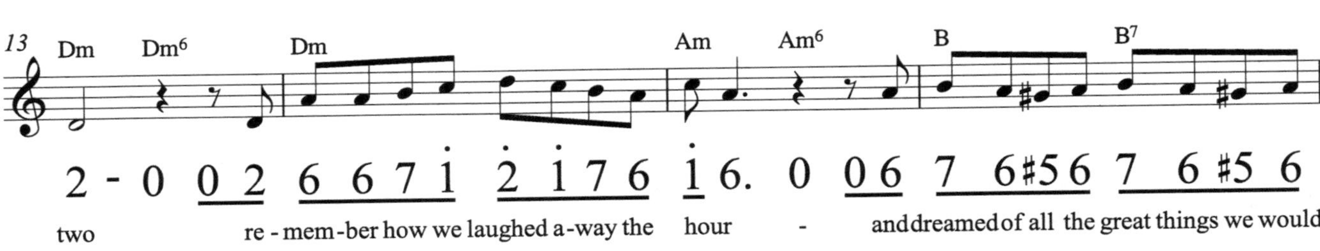
13
Dm Dm6 Dm Am Am6 B B7
2 - 0 0 2 6 6 7 1 2 1 7 6 1 6. 0 0 6 7 6 #5 6 7 6 #5 6
two re-mem-ber how we laughed a-way the hour - and dreamed of all the great things we would

17
E Am Dm G
7 - 0 - 0 1 1 7 7 6 6 6 6 6 5 5 4 4 4 2 3 4 5. 6
do Those were the days my friend - we thought they'd nev - er end - we'd sing and dance for

24
G7 C Dm Am
7 6 5 4 3 - 0 1 2 3 5 4 4 4 4 5 6 2 1 1 1 6 7 1
ev - er and a day we'd live the life we choose - we'd fight and nev - er lose - for we were

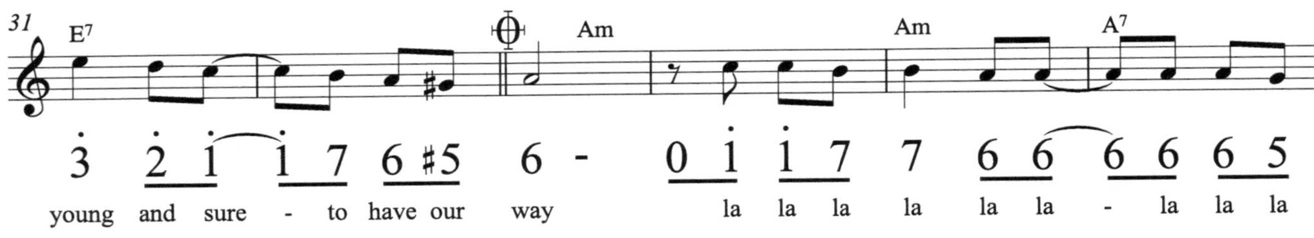
31
E7 Am Am A7
3 2 1 1 7 6 #5 6 - 0 1 1 7 7 6 6 6 6 6 5
young and sure - to have our way la la la la la la - la la la

37 Dm 1. E7 Am
5 4 4 4 2 3 4 3. #5 1 7 6 #5 6 - 0 - 4/4 0 - - -
la la la - la la la la la la la la la la
43 2. G G7 C Dm Am
5. 6 7 6 5 4 3 - 0 1 2 3 5 4 4 0 4 5 6 2 1 1
la la la
50 E7 E7 Am
0 6 7 1 3. 2 1 7 6 #5 6 - - - 3/4 0 - -
D.S
la la
55 Am Am Am Dm G
6 1 1 7 7 6 6 0 6 6 5 5 4 4 0 2 3 4 5. 6
day la la la la la la la la la la la la la la la la la
61 G7 C Dm Am
7 6 5 4 3 - 0 1 2 3 5 4 4 0 4 5 6 2 1 1
la la la la la la la la la la la la la la la la la
67 Am E7 Am
0 6 7 1 3. 2 1 7 6 #5 6. 3 6 #5 6 7
la la
72 C Dm F G A
1. 5 2 1 1 3 2. 3 4 3 4 5 6 -

110 틸

Till

Patti Page 노래
C. Danvers / C. Sigman

Slow
F Am B♭
Till the moon de-serts the sky till allthe seas run dry -
C7 F7 B♭ C7
till then I'll wor - ship you - - - till the tro-pie sun growws
FM7 Gm
cold till this young world grows old my dar - ling I'll a -
C7 F Am
dore you you are my rea - son to live
B♭ G9 C7
all I own I would give just to have you a - dore me
F Am
till the riv - ers flow up stream till low - ers cease to
B♭ C7 1. F 2. F
dream till then I'm yours be mine mine

언제나 마음은 태양

To Sir With Love

Lu Lu 노래

Dob Black & Marc London

Moderato

C D F

0 6 5 4 3 - - - 0 2 2 #4 6 i 7 6

Those school girl days or tell - ing tales and bit - ing

The time has come for clos - ing books and long last

5 C C

6. 5 5 4 3 3 - 0 - 0 6 5 4 3 - - -

nails are gone - - - - - But in my mind

looks must end - - - - - and as I leave

9 D F C

0 2 2 #4 6 i 7 6 6. 5 5 - 5 - 0 -

I know they will - still live on and on

I know that I am leav - ing my best friend -

13 B7 Em B7 Em

0 0 #4 #4 7 7 6 6 5 5 5 5 5 4 2 7 7 7 i 7 6 5 - - -

But how do - you thank some on - who has tak - en you from cray - ons to per fume

A friend who thought me right from wrong - and weak from strong - that's a lot to learn

17 D G D A7 D

6 6 6 i i 7 6 5 6 - - - 6 - 0 #4 5 6 6 6 6 #4 2

It is - n't eas - y but I'll try - - - If you want - ed the sky I'd -

what what can I give you in re - turn - - If you want - ed the moon I would

22 C D C D

i 7 7 6 6 5 #4 5 6 #4 2 2 2 2 i 7 6 6 5 #4 5 6 #4 2 2 7

write - a cross - the sky in let - ters - that would soar a thous - and feet - high - To

try - to make - a start - - but I would - rath - er you let give my heart - to

26 G A9 A7 1. C6 Dm7 G7 2. D D6

7. 6 5 7 7 - i 7 6 6 - - 0 6 - - 0

sir - - with love - - -

112

투데이

Today

John Denver 노래

Waltz
G Em Am D7 G
To - day while the blos - soms still cling to the vine, I'll taste your straw -
Em Am D7 G G7
ber - ries, I'll drink your sweet wine A mil - lion to - mor - rows shall
C Am7 G Em Am
all pass a - way Ere I for - get all the joy that is
D7 G D7 G Em
mine, - - to - day I I'll be a dan - dy but
can't be con - tent - ed with
Am D7 G Em Am
I'll be a rov - er you'll know who I am by the song that I
yes - ter - day's glo - ry I can't live dn prom - is - es win - ter to
D7 G Em Am D7
sing I'll feast at your ta - ble, I'll lie in your clo - ver, who
spring to - day is my mo - ment and now is my sto - ry, I'll
C D7 G D7 G
cares what to - mor - row shall bring. To - - day
D.S

113 투영

Too Young

Natking Cole 노래

4 Beat
C Em Am
5 1 - - 2 3 7 5 3 6 - - - 6 - - 5
They try to tell us we're too young - - - too
C Em Am
1 - - 2 3 7 5 3 6 - - - 6 - - 6
young to real - ly be in Love - - - They
Dm7 Em G7 C
2 3 4 1 7 - - 6 7 1 2 6 5 - - 6
say that love's a word a word we've on - ly heard but
G7 C
7 1 2 6 5 6 7 5 3 - - - 3 - - 5
Can't be - gin to know the meaning - of - - - and
C Em Am
1 - - 2 3 7 5 3 6 - - - 6 - - 5
yet we've not too young to know - - - this
C G7
1 - - 2 3 1 2 3 2 - - - 2 - - 6
love will last the years may go - - - - and
F C F
4 - - 3 3 2 2 1 5 - - - 5 - 4 5 6 - - 4
then some day they may re - call - - we we're not too
G7 1. C 2. C
7 - - 5 1 - - - 1 - - 5 1 - - - 1 - - -
young at all - - - they all - -

114 탑오브더월드

Top Of The World

Carpenters 노래
Richard Carpenter, John Bettis

Go Go

0 7 1 2 3 3. 3 4 3 2 1 6 1. 1 2 1 6 1 5 3 2 1 7 6 7

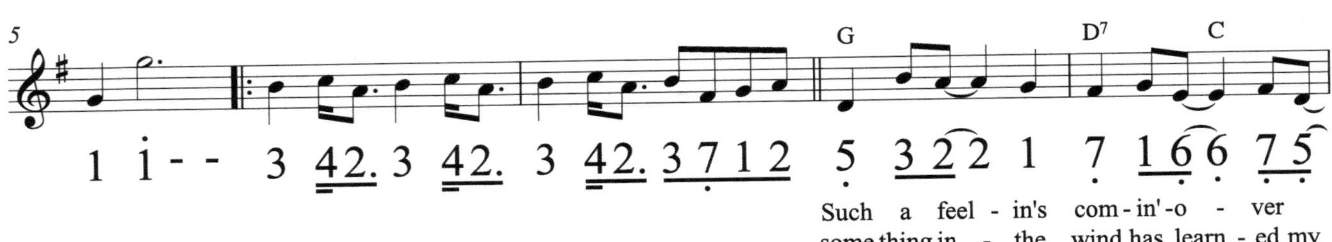

5
G D7 C
1 1 - - 3 42. 3 42. 3 42. 3 7 1 2 5 3 2 2 1 7 1 6 6 7 5
Such a feel - in's com - in' - o - ver
some thing in - the wind has learn - ed my

10
G Bm Am D7 G

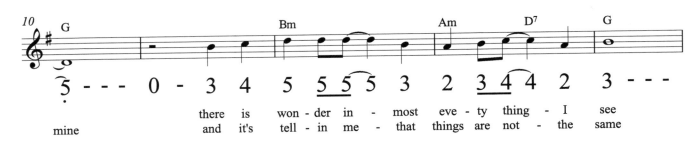

5 - - - 0 - 3 4 5 5 5 5 3 2 3 4 4 2 3 - - -

there is won - der in - most eve - ty thing - I see

mine and it's tell - in me - that things are not - the same

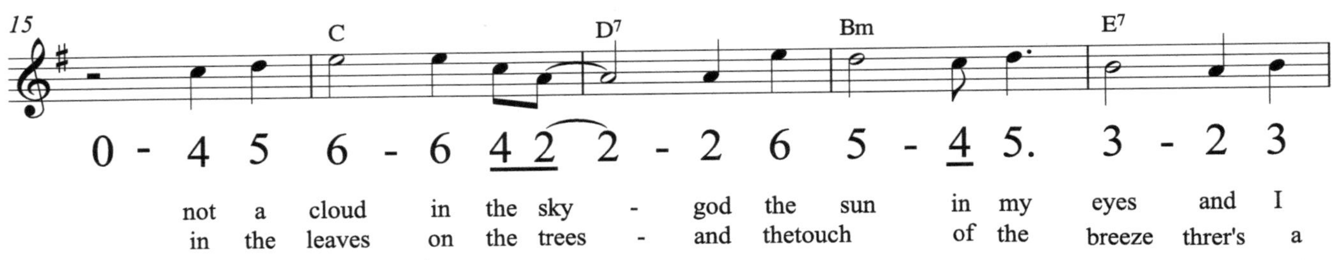

15
C D7 Bm E7
0 - 4 5 6 - 6 4 2 2 - 2 6 5 - 4 5. 3 - 2 3
not a cloud in the sky - god the sun in my eyes and I
in the leaves on the trees - and thetouch of the breeze threr's a

20
Am7 Am7-5 D7sus4 D7 G
4 4 4 3 4 4 3 2 1 5 5 - - - 0 5 1 2 5 3 2 1.
won't be sur prised - if it's a dream - - - - eve - ry - thing I
pleas In' sense of hap - pi - ness for me - - - - there is on - ly

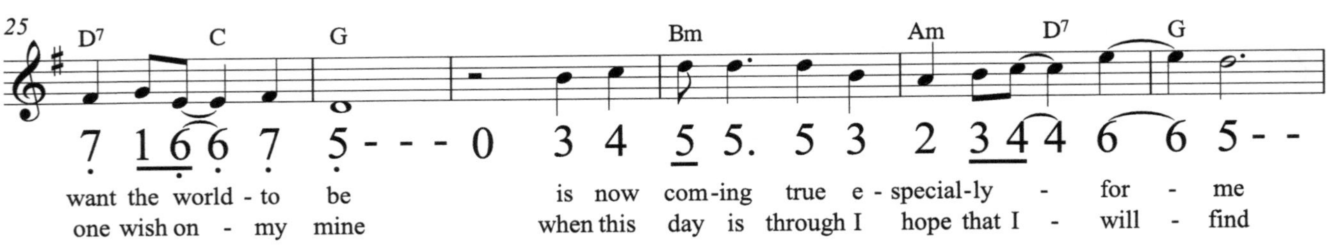

25
D7 C G Bm Am D7 G
7 1 6 6 7 5 - - - 0 3 4 5 5. 5 3 2 3 4 4 6 6 5 - -
want the world - to be is now com-ing true e - special-ly - for - me
one wish on - my mine when this day is through I hope that I - will - find

and the rea - son is clear - it's be - cause - you are hear you'r the
that to mo - row will be - just the same for you and me all I
near - est thing to heav - en that I've - seen
need - will be mine if you are - here
I'm on the top of the
look - in down on crea - tion - and the on - ly ex - pla - na - tion I - can
find Is the love that I've found e - ver since you've been a -
round your love's put me at the top of the world - - I'm on the
top of the world - look - in down on cea - tion - and the
on - ly ex - pla - na - tion I - can - find is the love that I've
found e - ve since you've been a - round your love's put me at the
top of the world

115

트라이투리멤버

Try To Remember

Andy Williams 노래
T. Jones & H. Schmidt

Waltz
Try to re - mem - ber the kind of sep - tem - ber when
life was slow and oh so mel - low - try to re -
mem - ber the kind of sep - tem - ber when grass was green and
grain was yel - low - try to re - mem - ber the kind of sep -
tem - ber when you were a ten - der and cal - low fel - low
try to re - mem - ber and if you re - mem - ber then fol - low
fol - low fol - low fol - low fol - low fol - low fol - low fol - low fol - low fol - low

116

언체인드 멜로디

Unchained Melody

Righteous Brothers 노래
A. North & H. Zaret

Slow Rock

G Em C D7
Oh my - love my dar - ling - I've hun - gered for your
time goes - by so slow - ly - and time can do so
G 1. Em D7
touch a - long lone - ly time and
much are
2. Em D7 G
you still mine - - - - I need your love -
D7 Em Bm C
I Need your love - - God spend your love
D7 G C D7 C B
to me lone - ly - riv-ers flow - to the sea - to the sea
C D7 G G7 C D7
to the - o-pen arms - of the sea - yeah - Lone - ly - riv-ers sigh - wait for
C B C D7 G G
me - wait for me I'll be - com-ing home - wait for me - - me
D.S

117

빈센트

Vincent

Don Mcklean

16 BEAT
G G Am
5 6 1 2 3 - - - 3 - 3 2 1 6 2 3 6 - -
Star ry star - ry night - - - paint your pal - ette blue and gray
Flam -in' flowers that bright -ly
4 Am C CM7 D7
6 - 3 2 1 6 2 3 6 - 0 1 1 7 6 5 6 7 1 2
Look out on a sum-mer's day with eyes that know the dark-ness in my
Swirl ing clouds in viol - et haze Re - flect in Vin cent's eyes of Chi - na
7 G G Gsus4 G
3 - 5 6 1 2 3 - - - 3 - 3 2 1 6
soul shad - ows on the hill - - - sketch the trees and
blue Col - ors chang - ing hue - - - Morn - ing field of
10 Am C
2 3 6 - - 6 - 3 2 1 6 2 3 6 - 0 1
daf - fo - dils - - - Catch the breeze and win - ter chills in
am - ber grain - - weath ered face - s lined in pain Like
13 D7 G
1 7 6 5 6 7 1 2 1 - - - 1. 5 1 2 3 1
col - ors on the snow - y lin - en land - - - And now I un - der
soothed be neath the art- ist's lov- ing hand
16 Am D7 G Bm
2 - - - 2 - 2 3 4 5 3. 3 3 -
stand - - - - what you tried to say to me
19 Em Am D7
0 3 4 3 3 2 1 6 3. 2 2 - - 0 2 2 2 2 3 4 2
and how you suffer-ed for your san - i - ty and how you tried to set them

free they would not lis - ten they did not know how per - haps they'll lis - ten
now Star - ry star - ry now for they could not love you -
what still your love is true and when know hope was left in side - on net
star - ry star - ry night you took your life that lov - er of - ten do but I
could - told you Vin-cent's This world - was nev - er met for one as beau - ti - ful as
you - - - star - ry star - ry
D.S
cruch - ed and broke on the vir - gin
snow Now I think I know - - - what you tri - ed to say to me
and how you suff - ered for your san - i - ty and how you tried to set them
free they would not lis - ten they're not lis - ten - ing still per - haps they nev - er will

118

이 멋진 세상에서

What A Wonderful World

Louis Armstrong 노래
G.P. Weiss & G. Douglas

Slow Rock
I See trees of green red ros - es too
skies of blue and clouds of white
I see them bioom for - me and you and I think to my self -
the bright blessed day and the sacred the night and I think to my self -
what a won-der ful- world - - - I see - - - - the
col-lors of the rain bow - so pret-ty in the sky are al - so on - the fac-es of
peo-ple go-ing by I see friends shak-ing hands say - ing how do you do?
there real-ly saying I love you - I hear bab-ies crying I watch them grow they'll learn much more
than I'll - ev-er know and I think to my-self what a won-der ful - world -
hrer I'll think to my self - what a won-der ful- world - - oh yeah

119

내가 무엇을 해야 되나요

Ann Margret 노래

What Am I Supposed To Do

감미롭게

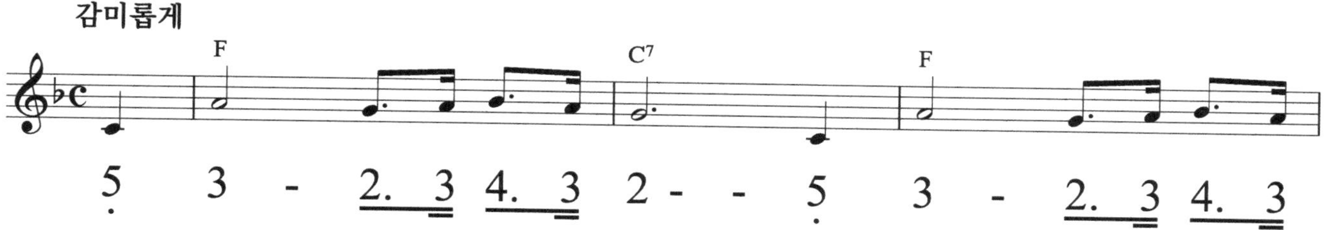
F
C7
F
5 3 - 2. 3 4. 3 2 - - 5 3 - 2. 3 4. 3

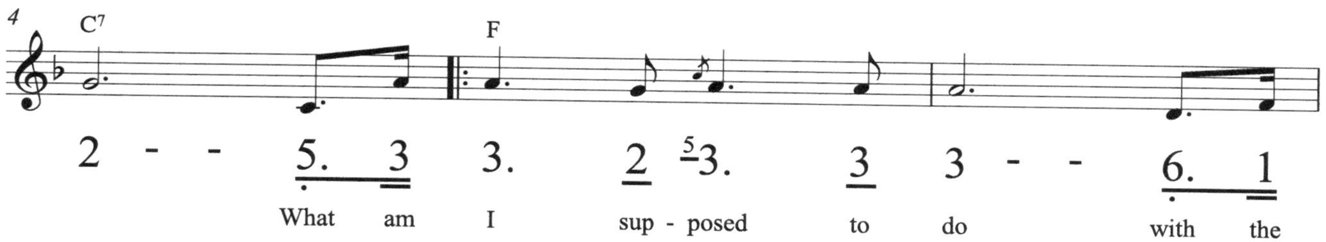
4
C7
F
2 - - 5. 3 3. 2 5 3. 3 3 - - 6. 1
What am I sup - posed to do with the

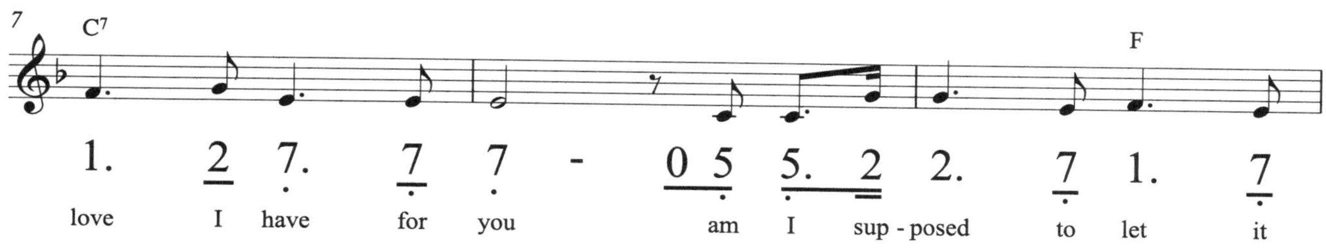
7
C7
F
1. 2 7. 7 7 - 0 5 5. 2 2. 7 1. 7
love I have for you am I sup - posed to let it

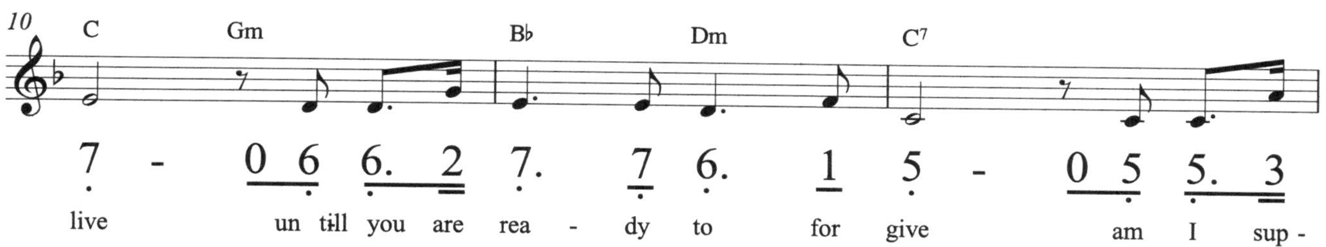
10
C
Gm
B♭
Dm
C7
7 - 0 6 6. 2 7. 7 6. 1 5 - 0 5 5. 3
live un till you are rea - dy to for give am I sup -

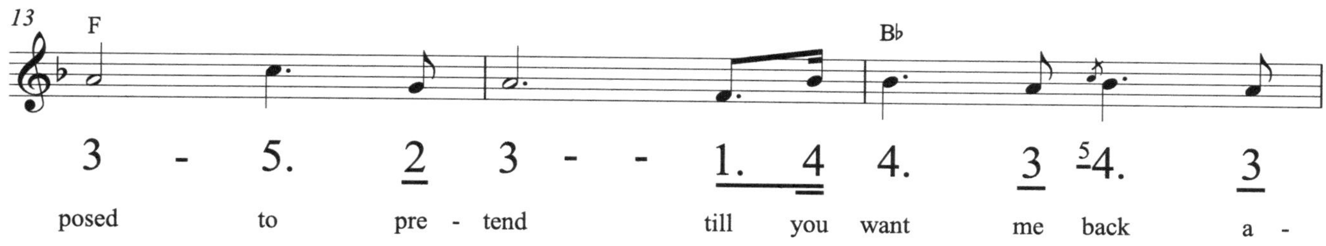
13
F
B♭
3 - 5. 2 3 - - 1. 4 4. 3 5 4. 3
posed to pre - tend till you want me back a -

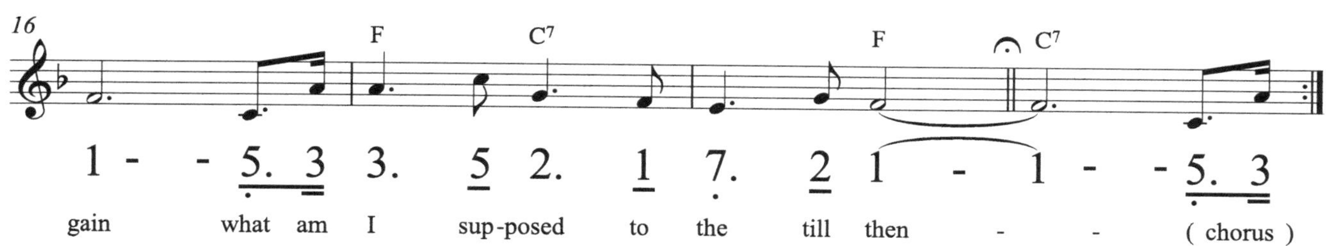
16
F
C7
F
C7
1 - - 5. 3 3. 5 2. 1 7. 2 1 - 1 - - 5. 3
gain what am I sup-posed to the till then - - (chorus)

120

웬아이드림

When I Dream

Carol Kidd 노래

Moderato
I could build the man- sion - that is
high - er - than the dreams
I could have all gift I - want
and ne - ver ask - please
all
but when I
dream - - I dream of you - - - may be - some
day you will come true - - - when I come true
D.S

121

성자의 행진

When The Saints Go Marchin' In

American Folk Song

March 풍으로

3 2 1 - - 1 3 - 5 - 5 4 - - 4 - 6 6 5 - - 6

I am just a wea - ry pil - grim - plod - ding thro' this

6

5 - 3 - 2 - - - 2 - 3 2 1 - - 1 3 - 5 - 5 4 - - 4 - 3 4

land of sie - get - ting read - y for that cit - y - when the

13

5 - 3 - 2 - - 1 1 - - - 1 1 3 4 5 - - - 5 1 3 4

saints go march - in' in - oh when the saints - go march - in'

19

5 - - - 5 1 3 4 5 - 3 - 1 - 3 - 2 - - - 2 0 3 2

in - oh when the saints go march - in' in - - oh I

25

1 - - 1 3 - 5 - 5 4 - - 4 - 6 6 5 - 3 -

want to be in that num - ber - - when the saints go

30

2 - - 1 1 - - - 1 1 3 4 5 - - - 5 1 3 4

march - in' in - - oh when the saints - - go march - in'

35

5 - - - 5 1 3 4 5 - 3 - 1 - 3 - 2 - - - 2 0 3 2

in - oh when the saints go march - in' in - - oh I

41

1 - - 1 3 - 5 - 5 4 - - 4 6 6 5 - 3 - 1 - 2 -

want to be in that num ber - - - when the saints go march - in'

47

1 - - - 1 1 3 4 5 - 5 - 6 - 7 - 1 - - - 1 0 0 -

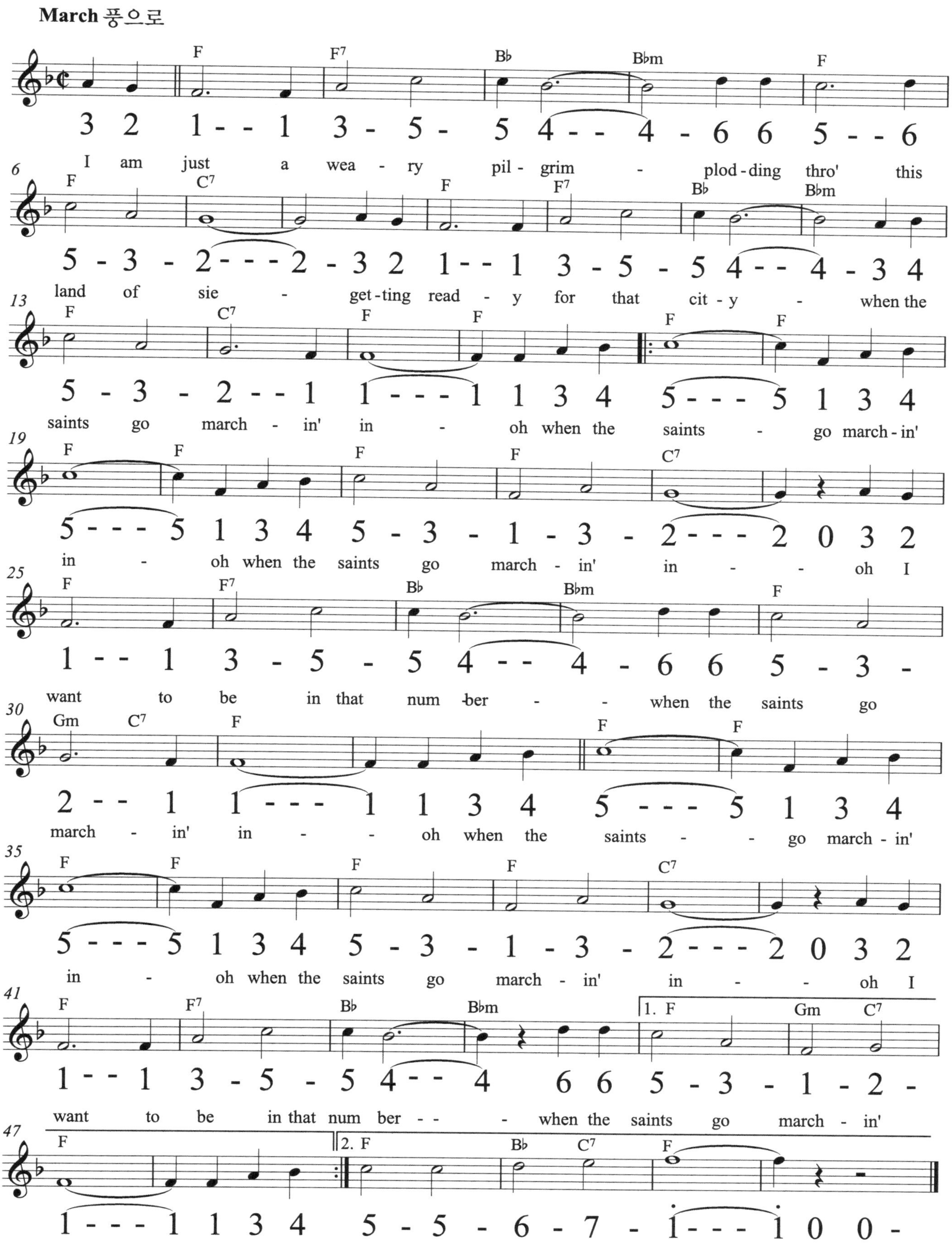

W. A. Mozart

122 모차르트의 자장가

Wiegenlied (모차르트의 자장가)

Moderato
잘 자 라 우 리 아 가 - - 앞 뜰 과 뒷 동 산 에
새 들 도 아 가 양 도 - - 다 - 들 자 - 는 데
달 님 은 영 창 으 로 - - 금 구 슬 은 구 슬 을
보 내 는 이 - 한 밤 - - 잘 자 라 우 리 아 기 - 잘
자 - - 거 - 라 -

123 브람스의 자장가

Wiegenlied (브람스의 자장가)

Johannes Brahms

Andante
잘 자 라 내 아 기 내
귀 여 운 아 기 아 름 다 운 장 미 꽃 너 를
둘 러 피 었 네 잘 자 라 내 아 기 밤 새
편 히 쉬 고 아 침 이 창 앞 에 아
올 때 까 지

124

밤하늘의 블루스

Wonderland by Night

K. G. Neumann

125

옐로우 버드

Yellow Bird

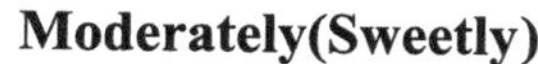

M. Keith, A. Bergman & N. Luboff

Moderately(Sweetly)

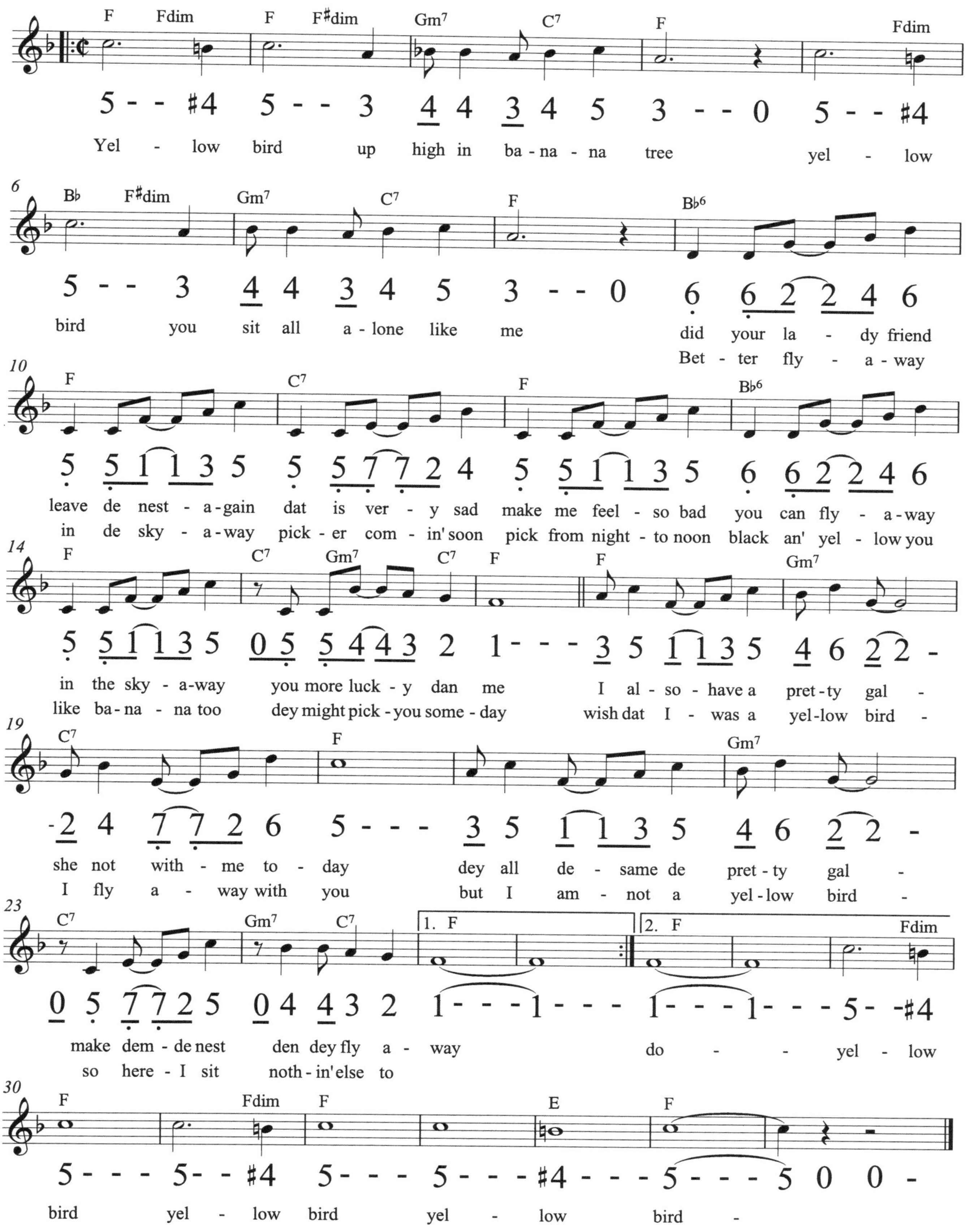

F Fdim F F#dim Gm7 C7 F Fdim
Yel - low bird up high in ba - na - na tree yel - low
Bb F#dim Gm7 C7 F Bb6
bird you sit all a - lone like me did your la - dy friend
Bet - ter fly - a - way
F C7 F Bb6
leave de nest - a-gain dat is ver - y sad make me feel - so bad you can fly - a-way
in de sky - a-way pick - er com - in' soon pick from night - to noon black an' yel - low you
F C7 Gm7 C7 F F Gm7
in the sky - a-way you more luck - y dan me I al - so - have a pret - ty gal -
like ba - na - na too dey might pick - you some - day wish dat I - was a yel-low bird -
C7 F Gm7
she not with - me to - day dey all de - same de pret - ty gal -
I fly a - way with you but I am - not a yel - low bird -
C7 Gm7 C7 1. F 2. F Fdim
make dem - de nest den dey fly a - way do - - yel - low
so here - I sit noth - in'else to
F Fdim F E F
bird yel - low bird yel - low bird -

126

텍사스의 노란 장미

Yellow Rose of Texas

American Folk Song

활기차게
There's a yel - low rose in Tex - as I'm go - ing there to see no
oth - er fel - low knows her no - bod - y on - ly me she
cried so when I left her It like to broke her heart and
if we ev - er meet again we nev - er more shall part she's the
sweet - est rose of col - or a fel - low ev - er knew her
eyes are bright as di' - monds they spark - le like the dew you may
talk a - bout your dear - est maids and sing of ro - sy lee but the
yel - low rose of Tex - as beats the belles of Ten - nes - see

127 예스터데이

Yesterday

Beatles 노래
J. Lennon & P. McCartney

Moderato Gently

F Em7 A7 Dm Dm7

2 1 1 - - 0 3 ♯4 ♯5 6 7 i 7. 6 6 - -

Yes ter day all my trou - bles seemed so far a - way
sud den - ly I'm not half the man I used to be
yes ter day love was such an eas - y game to play

4 B♭ C7 F C7 Dm7 G7

0 6 6 5 4 3 2 4. 3 3 - 2 1 3 2 2 6

now I looks as though they're here to stay oh I be - lieve - in
there's a sha - dow hang - ing ov - er me oh yes - ter - day - come
now I need a place to hide a - way oh I be - lieve - in

7 B♭ F A7sus4 A7 Dm C7 B♭ Dm

1 3 3 3 - 3 - 3 - 6 7 i 7 6

yes - ter - day - - why she had to go I don't
sud - den - ly - -

10 Gm6 C7 F A7sus4 A7

7. 6 5 6 3 3 - - - 3 - 3 -

know she would - n't say - - - I said

13 Dm C B♭ Dm Gm6 C7 F F7sus4 F

6 7 i 7 6 7. 6 5 7 i 5 4 3

some - thing wrong now I long for yes - ter - day

D.S

128

와이엠씨에이

YMCA

V. Willis, H. Belolo & J. Morali

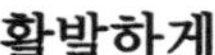
활발하게

Gm7/C

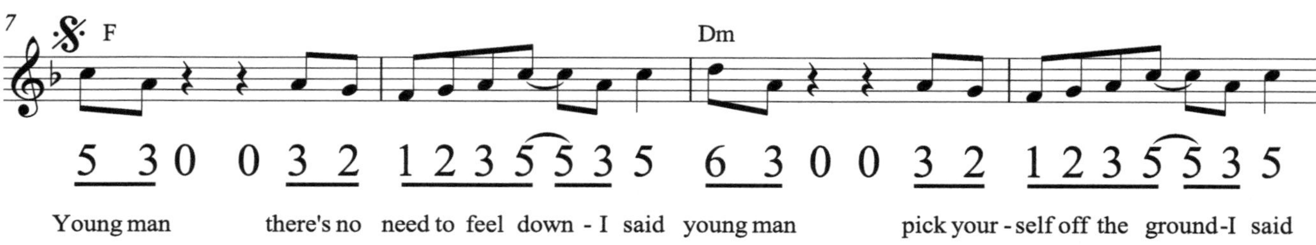
F
Dm
Young man there's no need to feel down - I said young man pick your - self off the ground-I said

B♭
C/E B♭/D C
B♭ Am Gm
young man 'cuz you're in a new town-there's no need to - be - un - hap - py

F
Dm
young man there's place youcan go - I said young man when you're short onyour dough-youcan

19
B♭ C/E B♭/D C B♭ Am Gm
stay there and I'm sure you will find - man - y ways to - have a good time
23
Gm7/C Gm7/C F Dm
it's fun to stay at the Y M C A it's fun to stay at the - Y M C A
28
Dm Gm7 Gm/C
They have ev -ery thing - for young man to en - joy you can hang out with all - the boys
32
Gm7/C F Dm
It's fun to stay at the Y M C A it's fun to stay at the Y M C
36
Dm Gm7 Gm7/C C7
YOU can get your-self clean -you can have a good meal you can do what-ev - er - you feel -
40
Gm7/C C7 F Dm
I young man are - you listen-ing to me - I said young man what - do
44
Dm B♭ C/E B♭/D C
you wan-na be - I said - young man you - can make true your dreams -but you got to - know

48
Bb Am Gm F Dm
this one thing no man does - it all by him- self - I said - young man put - your
52
Dm Bb C/E Bb/D C
pride on the shelf - and just go there to - the Y M C A - I'm sure they can - help
56
Bb Am Gm Gm7/C
2. Gm7/C C7
you to - day It's fun to stay at the
D.S
60
Gm7/C F Dm
Y M C A It's fun to stay at the Y M C A
64
Dm Gm7 Gm7/C
Young man young man there's no need to feel down young man young man pick your
68
Gm7/C F Dm
self off the ground - Y M C A and just go to the Y M C A
72
Dm Gm7 Gm7/C
young man - I was once in your shoes young man - I was down with the blues
F.O

129

당신은 나의 모든 것을 의미해요

You Mean Everything To Me

Neil Sedaka 노래
H. Greenfield

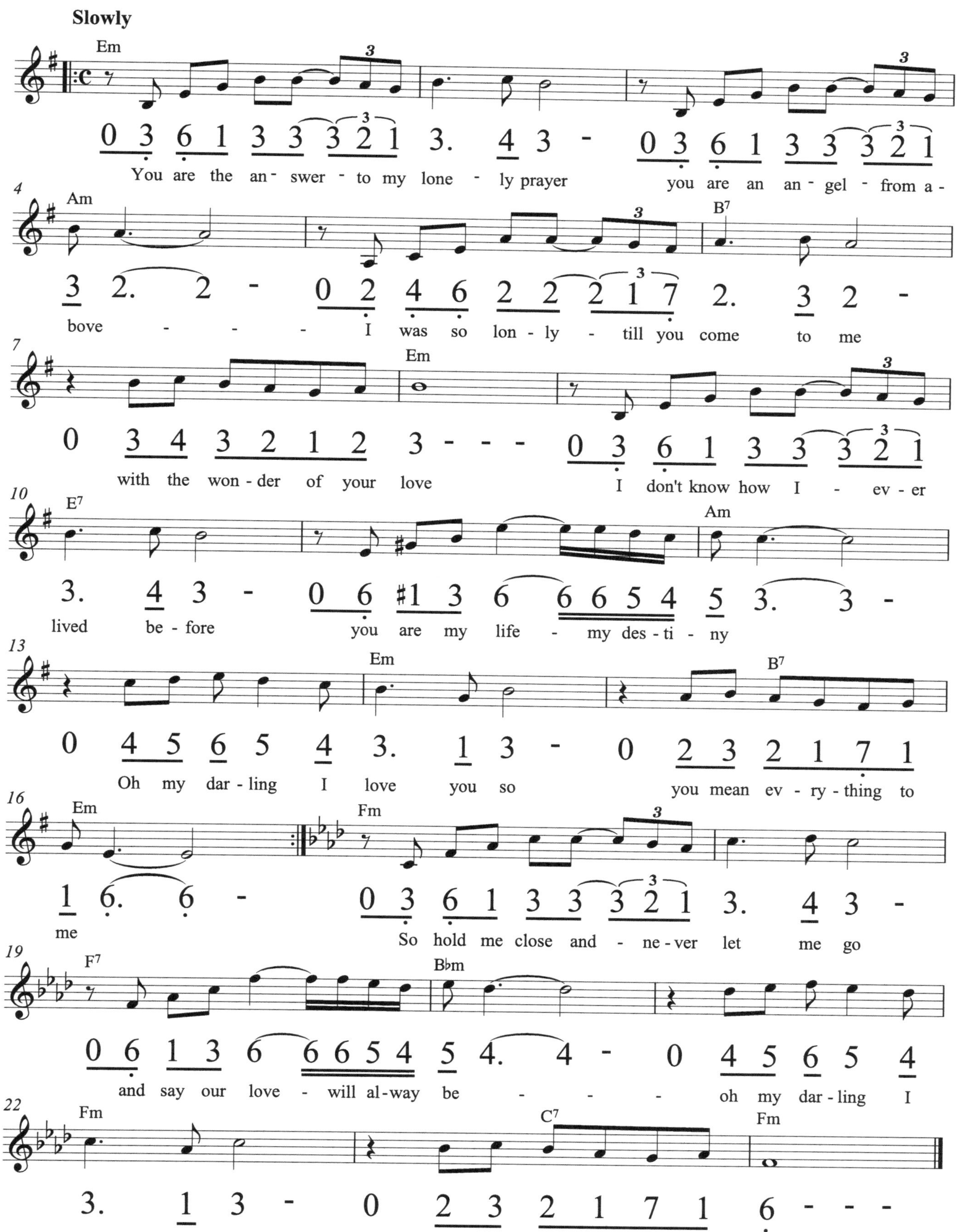
Slowly
Em
You are the an - swer - to my lone - ly prayer you are an an - gel - from a -
Am B7
bove - - - I was so lon - ly - till you come to me
Em
with the won - der of your love I don't know how I - ev - er
E7 Am
lived be - fore you are my life - my des - ti - ny
Em B7
Oh my dar - ling I love you so you mean ev - ry - thing to
Em Fm
me So hold me close and - ne - ver let me go
F7 B♭m
and say our love - will al - way be - - - oh my dar - ling I
Fm C7 Fm

130

유콜잇러브

You Call It Love

Karoline Kruger 노래
Vladimir Cosma

Go Go
C
Dm7/C

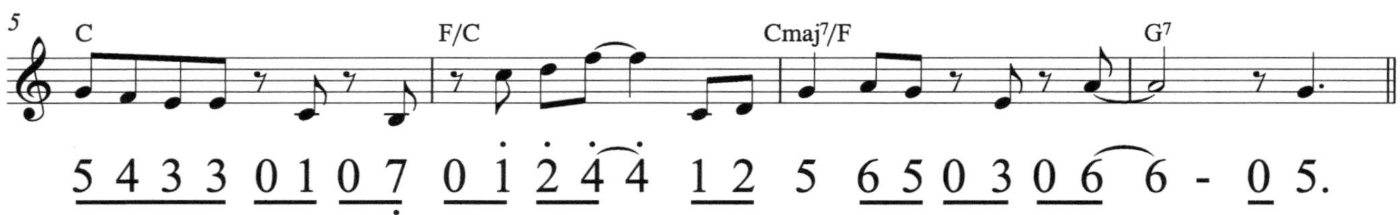
C
F/C
Cmaj7/F
G7

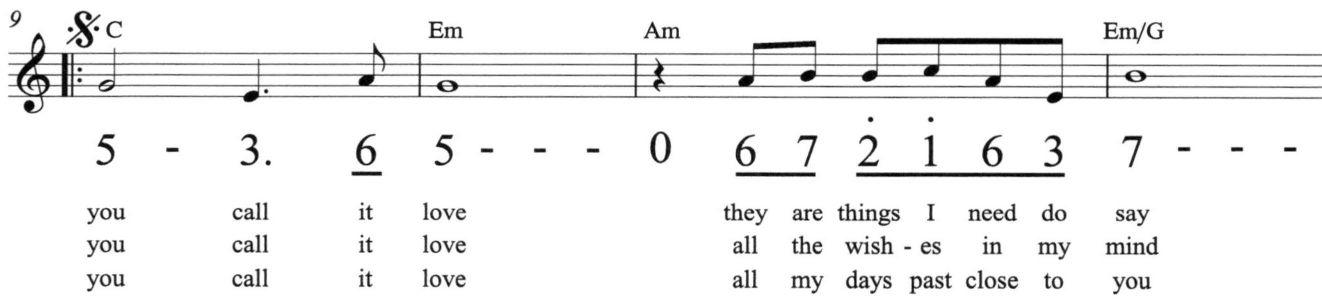
C
Em
Am
Em/G
you call it love they are things I need do say
you call it love all the wish - es in my mind
you call it love all my days past close to you

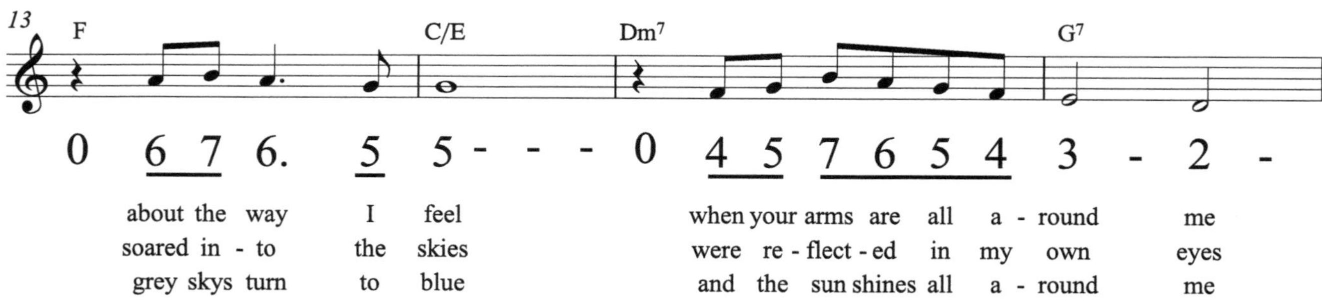
F
C/E
Dm7
G7
about the way I feel when your arms are all a - round me
soared in - to the skies were re - flect - ed in my own eyes
grey skys turn to blue and the sun shines all a - round me

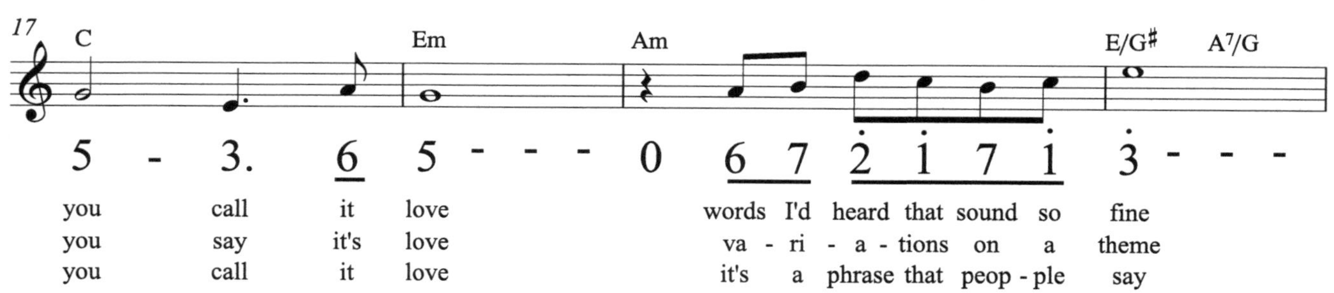
C
Em
Am
E/G♯
A7/G
you call it love words I'd heard that sound so fine
you say it's love va - ri - a - tions on a theme
you call it love it's a phrase that peop - ple say

Dm/F C/E Cdim/E♭ Esus4 E7
mean-ing less each time till you came and found me
love was just a dream me-mo-ries of past sights
each and e-very day real love is hard to find though
Em C6/A Dm7 G7
see the ground is slow-ly turn-ing dis-zi-ly ca-si-ly
see you love is al-ways round me ev-ery-where in the air
see the ground is slow-ly turn-ing diz-zi-ly ea-si-ly
Em Am Bm7/-5 Dm7-5
feel the way my heart is burn-ing - sec-ret-ly in-sice of me
new sen-sa-tions now ser-round me - o-cean-wide deep in-side
feel the way my heart is burn-ing from your touch sec-re-tly
C Dm7/C C F/C
Cmaj7/F G7 C7 B♭
D.S
C Em Am E/G# G
you call it love new I know it's so much more
Dm/F C/E D7 G7sus4 G7 C
be-ing close to you makes this feel-ing new that you call it love

131

영러브

Young Love

Donny Osmond 노래
C. Jorner & R. Cartey

Go Go
C Am Dm7 G7 C Am Dm7 G7
They
C E7 F G7
say for ev - ry boy and girl there's just one love in this whole world and I - know - I've - found
just one kiss from your sweet lips will tell me that your love is real and I - can - feel - that it's
C C E7
mine - - - the heaven-ly rapture of your em vrace tells me no one can take your place if
ture - - - the we will vow to one an - oth - er there will nev - er be on - oth - er
F G7 C
ev - - - er - in my heart - - - - young
love - - for you - or for me
C G7 Dm7 G7
love first love - - - filled with true de -
C C G7
vo - tion - - - young love our - love - - we
Dm7 G7 C 1. Dm7 G7 2. C

야래향

려금광 작곡

Rumba
언제나잊지못-할
푸른밤잔디위에서
둘이서부르던노래
가슴에얼싸-안고 맹 세하던 그-때-가 그리-워-져
지금은흘러-간꿈 내 얼굴에 눈-물-만
요 달빛에젖은그림 얼룩-젖-어-요
에라 이 샤 에-라 이 샤--- 애 타
는 호 궁에소 리-- 언 제 나 돌 아오-려
나 구름-같은그님 아 달빛에젖은그림 자
둘이서부르던노 래 지금은흘러-간꿈 내 얼굴에
눈-물-만 얼룩-젖-어-요-

133 첨밀밀

첨밀밀

Moderato

D Em A7 D
3 - 5 6 3 - - 1 2. 1 2 3 5 3 - - 0
티엔 미 - 미 니 샤우 더 티엔 미 - 미
짜이 나 - 리 짱 나 리 지엔 궈 - 니

5
Em A7 1. D D/C# Bm
2 2 2 3 2 1 6 5 1 - - 2 3. 2 3 3 5
하우 시양 후아 얼 캉 짜이 춘 펑 리 카이 짜이 - 춘 펑
니 더 시양 룽 저 양 쇼우 -

9
Em A7 2. D Em A7
2 4 5 6 5 1 2. 3 6 5 3 2 1 - - 3 2 1 6 5
리 시 워 이 스 시양 부

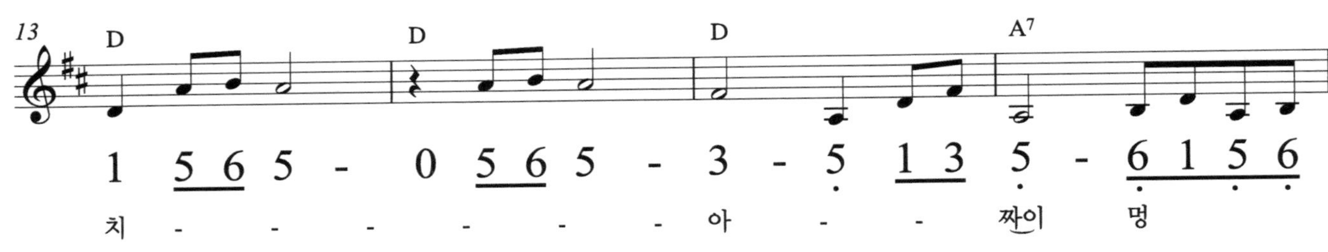
13
D D D A7
1 5 6 5 - 0 5 6 5 - 3 - 5 1 3 5 - 6 1 5 6
치 - - - - - - 아 - - 짜이 멍

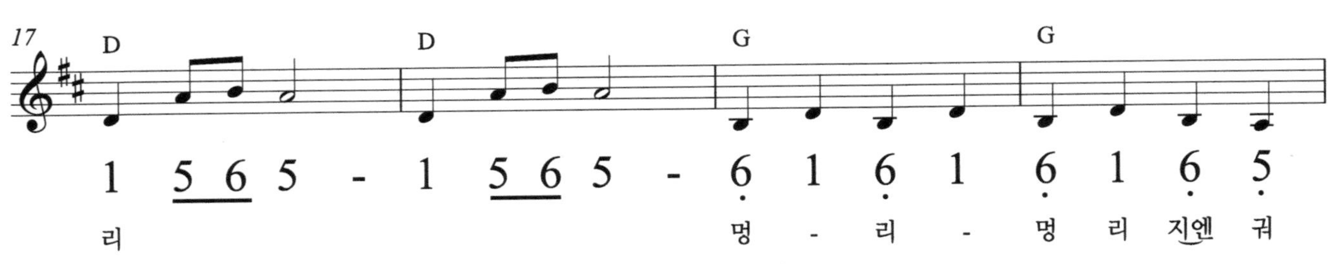
17
D D G G
1 5 6 5 - 1 5 6 5 - 6 1 6 1 6 1 6 5
리 멍 - 리 - 멍 리 지엔 궈

21
D D G G
3 5 6 5 - 0 5 6 5 - 6 1 6 1 6 1 6 5
니 - - - - - - - 티엔 - 미 - 샤오 더 뚜오 티엔

25
D
A
A
3 - - - 3 - 0 5 6 5 5 5 5 5 6 5 5 5 5 6
미 - - - 스 - 니 - - 스 - 니 - - 멍
29
A
D
Em A7
5 6 5 6 5 - - 0 3 - 5 6 3 - - 1 2. 1 2 3 5
지엔 더 지우 스 니 짜이 나 - 리 짜이 나 리 지엔 궈
34
D Em A7 D Em A7
3 - - 0 2 2 2 3 2 1 6 5 1 - - 3 2 1 6 5
니 니 더 샤오 룽 저 양 쇼우 - 시 워 이 스 샤 부
39
D A7 D
1 5 6 5 - 1 5 6 5 - 3 - - - 5 - 6 1 5 6 1 5 6 5 -
치 - - - - - 아 짜이 멍 - 리 -
44
D Em A7 D
0 5 6 1 2 3 - 5 6 3 - - 1 2. 1 2 3 5 3 1 5 6 5 -
49
Em A7 D Em
2 2 2 3 2 7 6 5 1 5 6 5 2 3. 2 3 5 2 - - 1
54
A7
D.S
2. 5 6 5 3 2
D A7 D
3 - - 3 5 - 6 5 6 1 - - 0

Harmonica Masterpiece Series vol.03
Pop Songs Repertoire
하모니카
명곡집 3
팝송 편

초판 발행일 2024년 11월 20일

편저 정옥선
사보 정옥선
발행인 최우진
편집·디자인 편집부

발행처 그래서음악(somusic)
출판등록 2020년 6월 11일 제 2020-000060호
주소 (본사) 경기도 성남시 분당구 정자일로 177
(연구소) 서울시 서초구 방배4동 1426
전화 031-623-5231 팩스 031-990-6970
이메일 book@somusic.co.kr

ISBN 979-11-93978-33-7 14670
979-11-93978-39-9 14670(세트)